ÇABUK VE KOLAYMARGARİTA TARİFLERİ

100 MARGARİTA TARİFLERİ SADECE KOKTEYLLER DEĞİL

FATIMA AKPINAR

Tüm hakları Saklıdır.

sorumluluk reddi

Bu e-Kitapta yer alan bilgiler, bu e-Kitabın yazarının hakkında araştırma yaptığı kapsamlı bir stratejiler koleksiyonu olarak hizmet etmeyi amaçlamaktadır. Özetler, stratejiler, ipuçları ve püf noktaları yalnızca yazar tarafından tavsiye edilir ve bu e-Kitabı okumak, sonuçların yazarın sonuçlarını tam olarak yansıtacağını garanti etmez. E-Kitabın yazarı, ekitabın okuyucularına güncel ve doğru bilgiler sağlamak için tüm makul çabayı göstermiştir. Yazar ve ortakları, bulunabilecek herhangi bir kasıtsız hata veya eksiklikten sorumlu tutulamaz. E-Kitaptaki materyal üçüncü şahısların bilgilerini içerebilir. Üçüncü taraf materyalleri, sahipleri tarafından ifade edilen görüşlerden oluşur. Bu nedenle, e-Kitabın yazarı herhangi bir üçüncü taraf materyali veya görüşü için sorumluluk veya yükümlülük üstlenmez.

E-Kitabın telif hakkı © 2022'ye aittir ve tüm hakları saklıdır. Bu e-Kitabın tamamını veya bir kısmını yeniden dağıtmak, kopyalamak veya türev çalışmalar oluşturmak yasa dışıdır. Bu raporun hiçbir bölümü, yazarın yazılı ve imzalı izni olmaksızın herhangi bir biçimde çoğaltılamaz veya yeniden iletilemez veya herhangi bir biçimde yeniden iletilemez.

İÇİNDEKİLER

İÇİNDEKİLER..4
GİRİİŞ...8
MARGARİTA İLE YEMEKLER..9
   1. MANGALDA BALIK MARGARITA...10
   2. KÖMÜRLEŞMIŞ MARGARITA SIĞIR ETI MADALYONLARI..........13
   3. TAVUK MARGARITA...17
   4. ENSALADA DE MARGARITA...20
   5. IZGARA ORFOZ MARGARITA..23
   6. PORTAKAL SALSA ILE MARGARITA SIĞIR ETI.......................27
   7. FETTUCCINE ILE MARGARITA KARIDES..............................30
   8. MARGARITA BIFTEĞI...34
   9. MARGARITA'NIN MAKARNA PRIMAVERA............................37
   10. KÖPEKBALIĞI MARGARITA..40
   11. SIĞIR ETI VE TEKILA GÜVEÇ..43
   12. TEKILA VE LIMONLU IZGARA TAVUK................................46
   13. BAL-KIREÇ-TEKILA TAVUK..49
   14. TAVADA KIZARTILMIŞ SOMON.......................................51
   15. TEKILA, AVOKADO VE KARIDESLI MAKARNA.....................55
   16. MANGO ILE SARI KUYRUK BALIĞI...................................58
   17. TEKILA-PORTAKALLI TAVUK..62
   18. TEKILA-KIREÇ KARIDES..65
   19. TEKILALI MAKARNA QUATTRO FROMAGGIO......................68
   20. TATLI MISIR, TEKILALI JICAMA SALATASI.........................71
   21. TEKILA IÇINDE DOMUZ BONFILE....................................74
   22. MARGARITADA MARINE EDILMIŞ TAVUKLAR.....................77
   23. TEKILA SOSLU SANTA FE KARIDES.................................80
   24. TATLI PATATES VE TEKILA ÇORBASI...............................83

MARGARİTA TATLILARI ... 86

25. MARGARITA TURTASI ... 87
26. DONDURULMUŞ ÇILEKLI MARGARITA TATLISI ... 89
27. DONDURULMUŞ ÇILEKLI MARGARITA TURTASI ... 92
28. MANGO LIMONLU MARGARITA ... 95
29. MARGARITALI CHEESECAKE ... 97
30. MARGARITA KREMASI ... 101
31. ÇILEKLI MARGARITA KÖPÜĞÜ ... 104
32. MARGARITA MEYVE SALATASI ... 107
33. TEKILA ILE BAĞCIKLI İSPANYOL BADEMLI KEK ... 110
34. TEKILA ILE ÇILEK KASE ... 114
35. NOPALITO KAKTÜS SALSA ILE MERCIMEK KEK ... 116
36. TEKILALI KARPUZ ÇORBASI ... 119
37. MARGARITA TEREYAĞI ILE MISIR YENGEÇ KEK ... 123

MARGARITA ÇEŞNILERI ... 127

38. GREYFURT MARGARITA SOSU ... 128
39. MONTEREY JACK TEKILA FONDÜ ... 131
40. KÜMES HAYVANLARI IÇIN MARGARITA SIR ... 133
41. MARGARITA JALAPENO SALSA ... 135
42. MARGARITA TURŞUSU ... 137
43. MARGARITA SALAMURA ... 139
44. MARGARITA KARIDES TURŞUSU ... 141
45. TEKILA LIMON AROMASI ... 143

MARGARITA MEZELER ... 145

46. MARGARITA TOPLARI ... 146
47. MARGARITA KEKLERI ... 150
48. MARGARITA DOMUZ KEBAPLARI ... 153
49. MARGARITA KARIDES VE SEBZE KEBAPLARI ... 156
50. MARGARITA KARIDES ŞIŞLERI ... 159
51. MARGARITA KARIDESLI TACOS ... 163
52. BIR TEKILA GÜNDOĞUMU ILE SERVIS EDILEN FAJITA ... 167

53. Mango-Tekila Soslu Gala Cips..................172
54. Kireç ve Tekila Tatlı Patates..................175
55. Izgara Tekila Kireç Ananas Parçaları..................177

KLASİK MARGARITA KOKTEYLLERİ..................180

56. Kayısı Margarita..................181
57. Bira Margarita..................184
58. Mavi Margarita..................186
59. Kaktüs Armut Margarita..................188
60. Kafe Margaritaları..................190
61. Taze Limonlu Margarita..................193
62. Köpüklü Margarita..................196
63. Dondurulmuş Mango Margarita..................199
64. Dondurulmuş Kavun Margarita..................202
65. Jalapeno Margaritaları..................204
66. Margarita Granita..................206
67. Papaya Margarita..................209
68. Ahududu Margarita..................212
69. Karpuzlu Margarita..................214
70. Yucatin Margarita Meyveli..................216
71. Bira Margarita..................219
72. Margarita Likörü..................221
73. Buzlu Margarita..................223
74. Yeşil Margarita..................225

MODERN MARGARITA KOKTEYLLERİ..................228

75. Casa Zencefil Nane Paloma..................229
76. Oaxaca Eski Moda..................231
77. Mermer Kraliçe..................233
78. Milagro Meksika Martini..................235
79. El Gavilan..................237
80. Bana Göre Yunanca..................239
81. Mavi-Salatalık Kireç Margarita..................241
82. Manhattan Hollywood'a Gidiyor..................243

83. Mistik Marvel..245
84. Biberiye Margarita..247
85. Bakara Rouge...249
86. Kan Portakali Margarita....................................251
87. Kötü Bir Şey..253
88. Mavi Bonnet..256
89. Tekila'nin Yeni Modasi......................................258
90. Hayalet Biber Margarita....................................260
91. Yas Güvercinleri...262
92. Dumanli Arroyo..264
93. Tepache Çocuk..266
94. Sigara İçen Margarita.......................................268
95. Vampir..270
96. Çay Mezcalita...272
97. Ebegümeci Şutu...275
98. Şeytanin Margaritasi...277
99. Tekila ve Domates Suyu Kokteyli............................279
100. Yucatin Margarita Meyveli..................................281

ÇÖZÜM..**284**

GİRİİŞ

Margarita, tekila, portakal likörü ve limon suyundan oluşan ve genellikle bardağın kenarında tuzla servis edilen bir kokteyldir. İçecek buzla çalkalanmış, buzla karıştırılmış veya buzsuz olarak servis edilir. Kokteyl ve şarap kadehlerinden bira bardağına ve hatta büyük yelkenlilere kadar çok çeşitli cam türlerinde bir margarita servis etmek kabul edilebilir hale gelse de, içecek geleneksel olarak bir kokteylin kademeli çaplı bir çeşidi olan aynı adı taşıyan margarita bardağında servis edilir. cam veya şampanya kupası.

Yüzlerce margarita permütasyonu var. Margarita, nardan çilek, ahududu, zencefil-ananas, salatalık, nane, yeşil çay ve çikolataya kadar akla gelebilecek her lezzette çalkalanabilir. Margarita ayrıca Tavuk Margarita gibi yemeklere veya Karides Şişi gibi Mezelere de karıştırılabilir!

MARGARİTA İLE YEMEKLER

1. Mangalda balık margarita

Verim: 4 Porsiyon

Bileşen

- 1½ pound Balık filetosu (seçiminiz)
- ⅓ Fincan Tekila, beyaz veya altın
- ½ fincan Üçlü sn
- ¾ su bardağı limon suyu
- 1 çay kaşığı Tuz
- 2½ diş sarımsak, ezilmiş
- 1 yemek kaşığı Bitkisel yağ
- 3 Domates, orta, doğranmış
- 1 Soğan, ince doğranmış
- 1 yemek kaşığı Jalapenos, kıyılmış
- 2 yemek kaşığı kişniş, taze, doğranmış
- 1 tutam şeker
- 1 Biber

Talimatlar:

a) Balıkları, tek bir katmanda tutacak kadar büyük, alüminyum olmayan bir tabağa koyun.

b) Tekila, üçlü sn, limon suyu, tuz, sarımsak ve 2 ton yağı birleştirin ve her tarafını ovalayarak balığın üzerine dökün. Üzerini kapatıp oda sıcaklığında ½ saat veya buzdolabında 3 saate kadar ara sıra çevirerek marine edin. Servis yapmadan hemen önce, tadına göre domates, soğan, biber, kişniş, şeker ve tuzu birleştirin. Izgarayı ÇOK sıcak olacak şekilde ısıtın.

c) Balıkları marine sosundan çıkarın, hafifçe kurulayın (marineyi ayırın) ve 1 ton yağ ile hafifçe fırçalayın ve üzerine karabiber serpin. Yağlanmış bir ızgarada her iki tarafta yaklaşık 4 dakika veya et opak olana kadar pişirin.

d) Bu arada marineyi bir tencerede 2 dakika kaynatın, diş sarımsakları çıkarıp atın ve balığın üzerine biraz kaşık koyun. Yanında domates salsasını kaşıkla ve servis yapın.

2. Kömürleşmiş Margarita sığır eti madalyonları

Verim: 4 Porsiyon

Bileşen

- 1 yemek kaşığı Zeytinyağı
- 1 yemek kaşığı Tuzsuz tereyağı
- 1½ pound bonfile sığır eti; 1 "kalın madalyonlarda kesilmiş
- Tuz ve biber; tatmak
- 1 küçük Vidalia soğanı; orta küpler halinde kesin
- 2 Poblano biberi; yıkanmış, tohumlanmış ve orta küpler halinde kesilmiş
- 1 yemek kaşığı Kızarmış ve öğütülmüş kimyon tohumu
- 2 ons Altın tekila
- ¼ bardak limon suyu
- 1 su bardağı Zengin dana eti
- 2 ons portakal likörü

- 1 yemek kaşığı portakal kabuğu rendesi
- ½ su bardağı Ağır krema
- ½ çay kaşığı Tuz
- ½ çay kaşığı öğütülmüş karabiber

Talimatlar:

a) Zeytinyağı ve tereyağını bir sote tavasında orta ateşte ısıtın, dana madalyonlarını tuz ve karabiberle tatlandırın ve sıcak tavaya ekleyin.

b) Isıyı yüksek seviyeye getirin ve etin her iki tarafını da iyice kavurun. Sığır etinin az ve orta derecede az pişmiş olmasını sağlamak için, sığır eti ilk tarafı esmerleştikten sonra bir kez çevirerek hızlı bir şekilde pişirin. Sığır eti tavadan çıkarın, ılık bir tabağa koyun ve bir kenara koyun. Doğranmış soğanları ve poblano biberleri sote tavasına ekleyin, eşit şekilde yayın ve soluncaya kadar pişirin.

c) Kimyonu ekleyin ve baharatı tekrar kızartmak için iyice karıştırın. Alevden dikkatli bir şekilde çalışarak, tekilayı tavaya ekleyin, tekilayı döndürerek tavayı parlatın ve azaltmak için düşük ısıya geri koyun. Dana eti suyunu eklemeden önce limon suyunu ekleyin ve neredeyse kuruyana kadar azaltın.

d) Stoku yüksek ateşte yarı yarıya azaltın ve portakal likörü ve taze portakal kabuğu rendesini ekleyin.

e) 2 dakika pişirin ve ardından ağır kremayı ekleyin. Kaynamasına izin vermeyin, tuz ve karabiberi eklemeden önce 2 dakika hafifçe pişirin. Sığır eti yanında mısır pudingi ile soslu bir yatakta servis yapın.

3. tavuk margarita

Verim: 4 porsiyon

Bileşen

- 3 (3,5 lb.'ye kadar) taze kızarmış tavuk
- 1 yemek kaşığı kimyon
- 1 yemek kaşığı Şili tozu
- Üç limon suyu
- 10 diş taze sarımsak, ince doğranmış
- 3 yemek kaşığı Zeytinyağı
- ½ su bardağı Tekila (beyaz veya altın)
- ½ su bardağı Su
- Süslemek için 1 demet taze kişniş

Talimatlar:

a) Tavuğu servis parçalarına kesin ve cildi çıkarın.

b) Bir kapta kimyon, şili tozu, limon suyu, sarımsak ve 1 yemek kaşığı zeytinyağını birleştirin. Tavukları bu karışımda 20 dakika marine edin.

c) Ağır bir tavada, kalan yağı ısıtın, her tarafta kahverengi tavuk parçaları.

d) Marine, tekila ve suyu ekleyin. Tavayı kapatın ve tavuk pişene kadar yaklaşık 25 dakika hafifçe haşlayın.

e) Tavuk parçalarını bir tabağa aktarın. Sosu iyi bir kıvama gelinceye kadar yüksek ateşte azaltın ve tavuğun üzerine dökün. Salantro yapraklarıyla süsleyin. 4 porsiyon.

4. Ensalada de margarita

Verim: 4 Porsiyon

Bileşen

- ½ Taze ananas
- 2 greyfurt
- 4 Turuncu
- 1 Avokado
- 1 dilim Karpuz; takozlar halinde kesmek
- 1 su bardağı dilimlenmiş badem
- marul yeşillikleri; yıkanmış ve soğutulmuş
- 1 su bardağı ananas suyu
- 3 yemek kaşığı limon suyu; taze
- ⅓ fincan Beyaz Tekila
- ½ çay kaşığı Pudra şekeri ve tuz
- 2 yemek kaşığı Zeytinyağı

Talimatlar:

a) Pansuman için tüm malzemeleri karıştırın. Bir kavanozda çalkalayın ve soğutun. Sadece ananasın etini kullanarak 1" küpler halinde kesin. Greyfurtları, portakalları ve avokadoyu soyun. 1" küpler halinde kesin (avokado $\frac{1}{2}$" olmalıdır). Sosu ile birlikte atın.

b) Marul yeşilliklerini bir tabağa koyun. Meyve karışımını yeşilliklerin üzerine koyun, üzerine dilimlenmiş badem koyun ve karpuz dilimleri ile süsleyin. Soğutulmuş bir tabakta soğuk servis yapın. Bu serinletici bir yaz öğle yemeği yemeği yapacaktır.

5. Izgara orfoz margarita

Verim: 1 porsiyon

Bileşen

- 1½ pound Orfoz filetosu
- ½ fincan Üçlü sn
- 1 çay kaşığı Tuz artı tatmak için daha fazlası
- 1 yemek kaşığı Bitkisel yağ
- 1 orta boy soğan, ince doğranmış
- 2 yemek kaşığı Doğranmış taze kişniş, taze çekilmiş karabiber
- ⅓ fincan Beyaz veya altın tekila
- ½ su bardağı taze limon suyu
- 3 büyük diş sarımsak, ezilmiş
- 3 orta boy domates, küp doğranmış
- 1 yemek kaşığı kıyılmış jalapeno tutam şeker

Talimatlar:

a) Balıkları tek bir katmanda tutacak kadar büyük, alüminyum olmayan bir kaba koyun. Tekila, üçlü sn, limon suyu, tuz, sarımsak ve 2 çay kaşığı yağı birleştirin ve her tarafını ovalayarak balıkların üzerine dökün. Üzerini kapatıp oda sıcaklığında $\frac{1}{2}$ saat veya buzdolabında 3 saate kadar ara sıra çevirerek marine edin.

b) Servis yapmadan hemen önce, tadına göre domates, soğan, biber, kişniş, şeker ve tuzu birleştirin. Izgarayı çok sıcak olacak şekilde ısıtın. balıkları marine sosundan çıkarın, hafifçe kurulayın (marineyi ayırın) ve 1 çay kaşığı yağ ile hafifçe fırçalayın ve yüzeyde karabiber öğütün. Yağlanmış ızgarada her bir tarafı yaklaşık 4 dakika veya et opak olana kadar pişirin.

c) Bu arada marineyi tencerede 2 dakika kaynatın, diş sarımsakları çıkarıp atın ve birazını balığın üzerine kaşıklayın, yanına domates salsasını da koyup servis yapın.

6. Portakal salsa ile Margarita sığır eti

Verim: 5 Porsiyon

Bileşen

- ⅔ fincan Dondurulmuş Portakal Suyu konsantresi, çözülmüş
- ½ su bardağı Tekila
- ⅓ fincan taze limon suyu
- 2 yemek kaşığı Zeytinyağı
- 2 yemek kaşığı doğranmış taze zencefil
- 2 Med. diş sarımsak, ezilmiş
- 1 çay kaşığı Tuz
- 1 çay kaşığı Kuru kekik yaprağı
- ¼ çay kaşığı toz kırmızı biber
- 1½ pound İyi kesilmiş kemiksiz sığır eti
- 1 yuvarlak biftek, 1 inç kalınlığında
- 1 Portakallı salsa (tekrar takip eder)

Talimatlar:

a) Portakal suyu konsantresi, Tekila, limon suyu, yağ, zencefil, sarımsak, tuz, kekik ve kırmızı biberi birleştirin. Biftekleri plastik bir torbaya koyun: turşusu ekleyin, kaplamak için çevirin. Torbayı güvenli bir şekilde kapatın ve 4 saat veya bir geceye kadar buzdolabında marine edin.

b) Portakallı salsa hazırlayın Biftekleri marine sosundan çıkarın; marineyi atın. Orta kömürlerin üzerine ızgarada biftek yerleştirin.

c) Orta-nadir ila orta pişmişlik için 22 ila 26 dakika ızgara yapın, bir kez çevirin. Oyma tahtasına biftek çıkarın; 10 dakika bekletin. Biftekleri çaprazlamasına ince dilimler halinde kesin: Servis tabağına alın. kişniş ve kireç ile süsleyin; portakallı salsa ile servis yapın. 5 ila 6 porsiyon yapar.

7. Fettuccine ile Margarita karides

Verim: 2 Porsiyon

Bileşen

- 12 büyük Karides - soyulmuş ve
- tanımlanmış
- ½ su bardağı Tekila
- 3 yemek kaşığı Taze limon suyu
- 2 yumurta
- 2 yemek kaşığı Su
- ¼ su bardağı Zeytinyağı
- Çok amaçlı un
- ½ su bardağı Tuzsuz tereyağı
- 3 İnce limon dilimleri
- 4 Yeşil soğan - doğranmış
- 2 çay kaşığı kıyılmış zencefil - soyulmuş
- 2 çay kaşığı kıyılmış sarımsak
- 1 çay kaşığı Çok amaçlı un

- 1 su bardağı kuru beyaz şarap
- 6 ons Fettuccine
- Doğranmış taze dereotu
- 2 saat. Karidesleri boşaltın.

Talimatlar:

a) Orta kasede karides, tekila ve limon suyunu karıştırın. Örtün ve soğutun Orta kasede yumurtaları ve suyu çırpın.

b) Tuz ve karabiberle tatlandırın. Orta ateşte büyük tavada yağı ısıtın. Karidesleri önce yumurta karışımına sonra una bulayın; fazlalığı silkeleyin. Karidesleri tavaya koyun ve pembeleşinceye kadar soteleyin ve her iki tarafta yaklaşık 2 dakika pişirin. Karidesleri kağıt havlularla kaplı tabağa aktarın ve boşaltın. Yağı atın.

c) Aynı tavada $\frac{1}{4}$ c tereyağını orta ateşte eritin. Limon ve yeşil soğanları ekleyin ve 3 dakika soteleyin. Zencefil ve sarımsak ekleyin ve 2 dakika soteleyin.

d) Unla karıştırın. Yavaş yavaş şarapta karıştırın; sır haline gelene kadar kaynatın, yaklaşık 2 dakika. Kalan tereyağını ekleyin ve eriyene kadar çırpın. Limonu atın. Karidesleri tavaya geri koyun ve ısıtın.

e) Bu sırada makarnayı tuzlu suda haşlayın. Boşaltmak. Makarnayı tabaklar arasında bölün.

f) Karides ile üst. Üzerine sosu dökün. Dereotu serpip servis yapın.

8. Margarita bifteği

Verim: 2 Porsiyon

Bileşen

- ¼ fincan Tekila
- 2 yemek kaşığı Şeker
- 1 yemek kaşığı Kişniş; doğranmış, taze
- 1 çay kaşığı Kireç kabuğu
- ½ çay kaşığı Tuz
- 2 yemek kaşığı limon suyu
- 1 Jalapeno; tohumlanmış, doğranmış
- 2 T kemikli biftek

Talimatlar:

a) Dikdörtgen cam fırın tepsisinde biftek hariç tüm malzemeleri birleştirin; iyice karıştırın. Biftekleri her iki tarafı kaplayacak şekilde çevirerek karışıma yerleştirin. Örtmek; Marine etmek için en az 4 saat soğutun, biftekleri bir kez çevirin. Isı ızgarası.

b) Izgara yapmaya hazır olduğunuzda, biftekleri marine etinden çıkarın; rezerv turşusu. Biftekleri orta ateşte gazlı ızgaraya veya orta kömürlerden 4 - - 6 inç kömür ızgarasına yerleştirin; kapak ızgarası. 10 - 15 dakika veya biftekler istenen kıvama gelene kadar pişirin, bir kez çevirin ve ara sıra marine ile fırçalayın.

9. Margarita'nın makarna primavera

Verim: 4 Porsiyon

Bileşen

- 1 su bardağı az yağlı süzme peynir
- 1 yemek kaşığı Taze limon suyu
- 8 ons İnce spagetti
- 1 yemek kaşığı Kabul edilebilir bitkisel yağ
- $\frac{1}{4}$ su bardağı kıyılmış taze soğan
- $\frac{1}{2}$ su bardağı doğranmış soğan
- 1 diş sarımsak, kıyılmış
- $\frac{1}{4}$ çay kaşığı Taze çekilmiş karabiber,
- ya da tatmak
- 2 su bardağı dilimlenmiş taze mantar
- 1 su bardağı dilimlenmiş yeşil dolmalık biber
- $1\frac{1}{2}$ su bardağı Dilimlenmiş havuç
- 10 ons Dondurulmuş tuz eklenmemiş

- Brokoli, buğulanmış

Talimatlar:

a) Süzme peynirden herhangi bir sıvıyı boşaltın. Bir kapta süzme peynir ve limon suyunu karıştırın. Kenara koyun.

b) Spagettiyi paketteki talimatlara göre tuzunu atarak hazırlayın.

c) İyice süzün.

d) Bu arada, orta-yüksek ateşte tavada yağı ısıtın. Yeşil soğan, soğan, sarımsak ve karabiber ekleyin ve 1 dakika soteleyin4. Mantarları ekleyin ve 1 dakika karıştırın. Ardından dolmalık biber, havuç ve brokoli ekleyin ve 3-4 dakika daha karıştırın. Kenara koyun.

e) Başka bir kapta, spagetti ve süzme peynir karışımını eşit şekilde kaplamak için atın. Sotelenmiş sebzelerle süsleyin.

10.   köpekbalığı margarita

Verim: 8 Porsiyon

Bileşen

- 8 Köpekbalığı bifteği; 1 inç kalınlığında
- ⅓ bardak limon suyu
- 1 çay kaşığı kireç kabuğu; rendelenmiş
- 2 diş sarımsak; kıyılmış
- ¼ çay kaşığı öğütülmüş zencefil
- ½ su bardağı Bitkisel yağ
- 1 çay kaşığı Biber; taze çekilmiş
- 1 yemek kaşığı Sıvı bal; veya akçaağaç şurubu

Talimatlar:

a) Köpekbalığını soğuk suda durulayın ve kurulayın. Büyük bir kapta limon suyu ve kabuğu, sarımsak, zencefil, bitkisel yağ, biber ve balı birleştirin.

b) İyice kaplamak için karıştırarak köpekbalığı ekleyin. Plastik sargıyla örtün ve oda sıcaklığında 30 dakika marine edin veya ara sıra köpekbalığını çevirerek 1 saate kadar soğutun.

c) Marinayı rezerve ederek köpekbalığını boşaltın. Köpekbalığı bifteklerini bir barbeküde orta-sıcak kömürlerden 4 inç ızgara yapın veya orta-yüksek ayarda fırında kızartın, her tarafta 5 ila 6 dakika için ayrılmış marine ile fırçalayın.

11. Sığır eti ve tekila güveç

Verim: 6 porsiyon

Bileşen

- 2 kilo Et
- ¼ su bardağı Ağartılmamış Un
- ¼ su bardağı Bitkisel Yağ
- ½ su bardağı Soğan; Doğranmış, 1 Orta Boy
- 2 adet pastırma; Dilimler, Kes
- ¼ fincan Havuç; doğranmış
- ¼ fincan Kereviz; doğranmış
- ¼ fincan Tekila
- ¾ su bardağı Domates Suyu
- 2 yemek kaşığı Salantro; Taze, Kırpılmış
- 1½ çay kaşığı Tuz
- 15 ons Garbanzo Fasulye; 1 can

- 4 su bardağı Domates; Doğranmış, 4 Orta
- 2 adet Karanfil Sarımsak; İnce doğranmış

Talimatlar:

a) Sığır eti unla kaplayın. Yağı 10 inçlik tavada sıcak olana kadar ısıtın. Sığır eti yağda orta ateşte kızarana kadar pişirin ve karıştırın.

b) Delikli kepçe ile eti alın ve süzün. Pastırma gevrek olana kadar aynı tavada soğan ve pastırmayı pişirin ve karıştırın. Sığır eti ve kalan malzemeleri karıştırın. kaynama ısısı; ısıyı azaltın.

c) Örtün ve sığır eti yumuşayana kadar pişirin, yaklaşık 1 saat.

12. Tekila ve limonlu ızgara tavuk

Verim: 4 Porsiyon

Bileşen

- 4 Yarım tavuk göğsü; deri kemiği
- ⅓ fincan tekila
- 2 yemek kaşığı Bal
- 1 Kireç; lezzet ve meyve suyu
- ½ çay kaşığı öğütülmüş kimyon

Talimatlar:

a) Broyleri önceden ısıtın. Eşit şekilde düzleştirmek için göğüsleri hafifçe dövün. Orta boy bir kapta tekila, bal, lezzet ve meyve suyu ile öğütülmüş kimyonu birleştirin.

b) İyice karıştırmak için karıştırın. Tavuğu ekleyin ve tavuk marine ile iyice kaplanana kadar birkaç kez çevirin. Tavuk göğüslerini bir broiler tavasına yerleştirin. Tavuğun dışı kızarana ve merkeze doğru beyaz olana kadar, toplam

6 ila 8 dakika, ısıdan yaklaşık 4 "kaynatın, bir kez çevirin ve ilk 4 dakika sosla birkaç kez kızartın.

13. Bal-kireç-tekila tavuk

Verim: 8 porsiyon

Bileşen

- 4 Derisiz kemiksiz tavuk göğsü yarısı
- 2 yemek kaşığı Bal
- ⅔ fincan taze limon suyu
- ¼ fincan Tekila
- 2 diş sarımsak; kıyılmış
- 1 Sarı soğan; kıyılmış
- 1 Kırmızı biber; kıyılmış

Talimatlar:

a) Marine Malzemelerini birleştirin ve tavuk göğüslerinin üzerine dökün. En az 1 saat marine edin.

b) Turşuyu boşaltın ve her iki tarafta yaklaşık 7-8 dakika veya pembe kalmayana kadar ızgara yapın.

14. tavada kızartılmış somon

Verim: 4 porsiyon

Bileşen

- 4 İtalyan erik domatesi yaklaşık 8 oz.
- 1 Serrano veya jalapeno şili iri kıyılmış
- $\frac{1}{4}$ iri doğranmış kırmızı soğan
- 4 Somon filetosu kemikleri ve derisi alınmış
- 1 diş sarımsak
- $\frac{1}{3}$ fincan tekila
- $\frac{1}{2}$ çay kaşığı Tuz
- $\frac{1}{4}$ çay kaşığı kırık karabiber
- 1 yemek kaşığı Balzamik sirke
- 1 yemek kaşığı Zeytinyağı
- 3 yemek kaşığı hafif kırmızı biber tozu
- 6 yemek kaşığı Zeytinyağı

Talimatlar:

a) Domates-Tekila Vinaigrette'yi hazırlayın ve bir kenara koyun.

b) Somon filetolarını şili tozuyla ovun. Zeytinyağını bir tavada orta-yüksek sıcaklıkta ısıtın, filetoları kalabalık olmadan ekleyin ve istenen pişme derecesine bağlı olarak her iki tarafı 3 ila 4 dakika kızartın.

c) Servis yapmak için somon filetoları dört tabağa koyun, salata sosu karıştırın ve filetoların üzerine dökün.

d) Karartılmış Domates-Tekila Vinaigrette: Domatesleri karartmak için ağır bir tavayı yüksek ateşte önceden ısıtın. Bütün domatesleri ekleyin ve ara sıra çevirerek domateslerin kabukları ayrılıp kararana kadar yaklaşık 5 dakika pişirin. Çıkarın ve soğumaya bırakın. Domatesleri soyun, sap uçlarını atın ve domatesleri iri doğrayın.

e) Reaktif olmayan bir tencerede domates, şili, soğan, sarımsak, tekila, tuz ve biberi birleştirin ve ara sıra karıştırarak orta-yüksek ateşte 10 dakika pişirin. İçeriği bir blender veya mutfak robotuna dökün ve 1 dakika karıştırın.

f) İnce gözenekli bir elekten bir kaseye süzün. Sirke ve zeytinyağını ekleyip iyice karıştırın. Baharat için tadın.

15. Tekila, avokado ve karidesli makarna

Verim: 4 porsiyon

Bileşen

- 8 büyük Domates; çekirdekli ve tohumlu
- 2 çay kaşığı kaba tuz
- ½ çay kaşığı Taze çekilmiş karabiber
- 1 kilo Fettuccine
- 1 pound Orta boy karides; soyulmuş ve deveined
- 1 çay kaşığı Ezilmiş kırmızı biber gevreği
- 8 yemek kaşığı Tuzsuz tereyağı
- ½ su bardağı Tekila
- 1 Avokado; çekirdekleri çıkarılmış, soyulmuş ve doğranmış
- 1 demet Salantro; doğranmış

Talimatlar:

a) Domatesleri bir karıştırıcıda pürüzsüz olana kadar püre haline getirin, kuruysa bir çorba kaşığı veya 2 su ekleyin. Rezerv. Büyük bir tencereyi suyla doldurun ve kaynama noktasına getirin. Tuz ve makarna ekleyin ve al dente kadar pişirin, yaklaşık 8 dakika. Bir kevgir içinde boşaltın. 4 yemek kaşığı tereyağını geniş bir tavada yüksek ateşte eritin.

b) Karidesleri tuz, karabiber ve kırmızı pul biber ile pembe portakal rengine kadar her bir tarafı yaklaşık 1 dakika soteleyin. Tekila ve flambe ekleyin. Oluklu bir kaşıkla, tavada tereyağı bırakarak karidesleri bir tabağa aktarın.

c) Ayrılmış domates püresini ekleyin, kaynatın ve yaklaşık üçte bir oranında azalana kadar pişirin. Tatmak için baharatları ayarlayın. Kalan tereyağını küçük parçalara ayırın ve karidesle birlikte sosa karıştırın.

d) Pürüzsüz hale gelince ocaktan alın ve ılık fettuccine kaselerinin üzerine koyun. Avokado ve doğranmış kişniş ile süsleyin.

16.   mango ile sarı kuyruk balığı

Verim: 4 Porsiyon

Bileşen

- 4 Snapper Fileto (Her Biri 6 Ons); tenli
- 1 su bardağı Mısır unu
- 2 yemek kaşığı Sızma Zeytinyağı; Bölünmüş
- 2 Arpacık; ince kıyılmış
- 3 yemek kaşığı Tarhun Şarap Sirkesi
- $\frac{1}{4}$ fincan Tekila
- 1 su bardağı tavuk suyu
- $\frac{1}{4}$ su bardağı Portakal Suyu Konsantresi
- $1\frac{1}{2}$ fincan Mango; doğranmış
- 2 yemek kaşığı Taze Frenk soğanı; doğranmış
- Tatmak İçin Tuz ve Taze Çekilmiş Biber

Talimatlar:

a) Fırını 375 dereceye ısıtın. Her balık filetosunu mısır ununa batırın ve fazla tozunu alın.

b) Filetoları kalabalık olmayacak kadar büyük, fırına dayanıklı bir sote tavasında 1 yemek kaşığı zeytinyağını ısıtın. Kıymayı ekleyin ve 1 dakika soteleyin. Filetoyu ters çevirin; daha sonra tavayı fırına aktarın ve balığı 4 ila 5 dakika pişirin. balık o zaman opak olmalı, yarı saydam olmamalıdır.

c) Balıklar pişerken orta boy bir tencerede 1 yemek kaşığı zeytinyağını ısıtın. Arpacıkları terleyin ve yarı saydam olduğunda sirkeyi ekleyin. Neredeyse kuruyana kadar azaltalım. Tekila ekleyin ve yarı yarıya azaltın. Stok, portakal suyu konsantresi ve mangoları karıştırın. 5 dakika kaynamaya bırakın.

d) Blendere dökün ve çok pürüzsüz olana kadar işleyin. Sarımsakları ekleyip baharatını ayarlayın.

e) Her bir yemek tabağına yaklaşık 2 yemek kaşığı sos dökün ve pişmiş balığı ortasına koyun.

f) Güzel bir sunum için doğranmış mango veya mor fesleğen ve frenk soğanı ile süsleyin.

17.   Tekila-portakallı tavuk

Verim: 6 porsiyon

Bileşen

- ½ su bardağı Portakal Suyu
- ¼ fincan Tekila
- 2 yemek kaşığı Vlasic acı jalapeno biberi
- ½ çay kaşığı rendelenmiş portakal kabuğu
- 1 kutu (10-1 / 2oz.) tavuk sosu
- 3 adet Bütün tavuk göğsü

Talimatlar:

a) Sos yapmak için: 1 litrelik tencerede meyve suyu, tekila, biber ve kabuğu birleştirin. Yüksek ısıda, kaynayana kadar ısıtın. Isıyı düşük seviyeye düşürün.

b) 10 dakika veya karışım yarı yarıya azalana kadar kapağı açık olarak pişirin.

c) Sosu ekleyin, sürekli karıştırarak ısıtın.

d) Izgara rafına, tavuğu deri tarafı yukarı gelecek şekilde orta kömürlerin hemen üzerine yerleştirin. 1 saat açıkta veya yumuşayana ve meyve suları berraklaşana kadar ızgara yapın, son 30 dakika boyunca çevirerek ve sosla fırçalayın.

e) Kızartmak için: Tavuğu, derili tarafı yukarı bakacak şekilde etlik tavada rafa yerleştirin.

f) 40 dakika veya yumuşayana ve meyve suları berraklaşana kadar 6 inç kaynatın, son 20 dakika boyunca sık sık sosla çevirin ve fırçalayın.

18. Tekila-kireç karides

Verim: 1 Porsiyon

Bileşen

- ½ Çubuk margarin
- 2 yemek kaşığı Zeytinyağı
- 2 diş sarımsak, kıyılmış
- 1½ pound Orta karides, kabuklu ve damarlı
- 3 yemek kaşığı Tekila
- 1½ yemek kaşığı limon suyu
- ½ çay kaşığı Tuz
- ½ çay kaşığı pul biber
- 4 yemek kaşığı İri doğranmış taze kişniş

Talimatlar:

a) Karidesleri kağıt havlularla kurulayın. Orta ateşte büyük bir tavada margarini ve yağı ısıtın. Sarımsak ve karides ekleyin; ara sıra karıştırarak yaklaşık 2 dakika pişirin.

b) Tekila, limon suyu, tuz ve biber tozunu karıştırın. 2 dakika daha veya sıvının çoğu buharlaşana ve karides pembeleşip sırlanana kadar pişirin. Salantro ekleyin.

c) Kireç dilimleri ile süslenmiş sıcak, pişmiş pirinç üzerinde servis yapın.

19. Tekilalı makarna Quattro fromaggio

Verim: 4 Porsiyon

Bileşen

- 1 yemek kaşığı margarin veya tereyağı
- 1 yemek kaşığı Çok amaçlı un
- $\frac{1}{2}$ çay kaşığı Biber
- $\frac{1}{4}$ çay kaşığı Tuz
- 1 kutu Buharlaştırılmış yağsız süt (12 oz.)
- $\frac{1}{4}$ fincan Rendelenmiş fontina peyniri (1 oz.)
- $\frac{1}{4}$ fincan ufalanmış gorgonzola veya diğer mavi peynir -- (1 oz.
- $\frac{1}{4}$ su bardağı doğranmış camembert peyniri; (1 oz.)
- 6 su bardağı Sıcak pişmiş rigatoni; (9 oz. pişmemiş)
- 2 yemek kaşığı kıyılmış taze fesleğen
- $\frac{1}{4}$ fincan İnce rendelenmiş taze parmesan peyniri -- (1 oz.)

Talimatlar:

a) Orta ateşte büyük bir tencerede margarini eritin. Un ekle; 30 saniye, çırpma teli ile sürekli karıştırarak pişirin. Tuz, karabiber ve sütü ekleyip sık sık karıştırarak pişirin.

b) Ateşten alın ve peynirler eriyene kadar karıştırarak fontina, Gorgonzola ve Camembert peynirlerini ekleyin. Makarna ve fesleğeni karıştırın; 4 kasenin her birine kaşık. Parmesan peyniri serpin.

20. Tatlı mısır, tekilalı jicama salatası

Verim: 4 porsiyon

Bileşen

- 6 başak mısır
- 2 Jicama
- 1 Kırmızı biber, ince doğranmış
- 1 Sarı biber, ince doğranmış
- 3 Bebek ıspanak
- 2 yemek kaşığı Çam fıstığı
- Pansuman:
- 3 limonun suyu
- 2 yemek kaşığı Tekila
- 1 çay kaşığı Beyaz şarap sirkesi
- ½ su bardağı Zeytinyağı
- 1 tutam kimyon
- 1 tutam Cayenne

Talimatlar:

a) Mısırları tuzlu suda yumuşayana kadar haşlayın. Mısırı koçandan çıkarın. Peel ve julienne jicama. Kırmızı ve sarı biberleri küp küp doğruyoruz.

b) Orta boy bir sos tenceresine sıvı yağ hariç tüm malzemeleri koyup kaynatın. Yağı yavaşça baza emülsifiye edin ve rezerve edin.

c) Ispanak, jicama ve mısırı birlikte atın ve giyin. Altı tabak arasında eşit olarak bölün ve biber ve pinon ile süsleyin.

21. Tekila içinde domuz bonfile

Verim: 6 Porsiyon

Bileşen

- 2 pound Domuz Bonfile
- ¼ su bardağı Bitkisel Yağ
- 2 Diş Sarımsak
- ¼ fincan Havuç; doğranmış
- ¼ fincan Kereviz; doğranmış
- ¼ bardak Limon Suyu
- ¼ fincan Tekila
- 1 yemek kaşığı Kırmızı Şili; Zemin
- 1 çay kaşığı Tuz
- 1 çay kaşığı Kekik Yaprağı; Kurutulmuş
- 1 çay kaşığı Kekik Yaprakları; Kurutulmuş
- ¼ çay kaşığı Biber
- 4 su bardağı Domates; doğranmış
- ¼ fincan Soğan; doğranmış

- 1 Defne Yaprağı
- ¼ fincan Maydanoz; kırpılmış

Talimatlar:

a) Domuz eti bonfile üzerine hardal sürün. Yağı ve sarımsağı 10 inçlik bir tavada sıcak olana kadar ısıtın. Domuz eti yağda orta ateşte kahverengi olana kadar pişirin.

b) Sarımsakları çıkarın. Maydanoz hariç kalan malzemeleri karıştırın. Kaynayana kadar ısıtın, ardından ısıyı azaltın. Örtün ve domuz eti bitene kadar pişirin, yaklaşık 30 dakika. Defne yaprağını çıkarın ve maydanoz serpin.

c) Servis.

22. Margaritada marine edilmiş tavuklar

Verim: 4 Porsiyon

Bileşen

- 4 Poussin (yavru tavuk) VEYA Cornish av tavuğu
- ½ su bardağı taze limon suyu
- ⅓ fincan Altın tekila
- ¼ su bardağı Zeytinyağı
- 2 yemek kaşığı Cointreau
- 2 diş sarımsak; soyma/kıyma
- Tuz ve biber

Talimatlar:

a) Tavukların omurgalarını çıkarın. Tavukları avucunuzla yassılaştırın.

b) Büyük bir kapta limon suyu, tekila, zeytinyağı, Cointreau ve sarımsağı birleştirin. Tavukları ekleyin ve kaplamak için çevirin. Örtün ve bir veya iki kez çevirerek, oda sıcaklığında 2 saate kadar veya buzdolabında gece boyunca marine edin.

c) Pişirmeden önce oda sıcaklığına dönün.

d) Tavukları marine sosundan çıkarın ve derileri yukarı bakacak şekilde sığ bir fırın tepsisine yerleştirin. Tat vermek için tuz ve karabiber ile tatlandırın.

e) Fırının üst rafında 400 derecede pişirin, ara sıra marine ile teyelleyin, derisi altın rengi olana ve baldırlardan gelen meyve suları, en kalın yerlerinden delinip pembemsi sarı renkte, 25 ila 30 dakika kadar pişirin.

23. Tekila soslu Santa fe karides

Verim: 1 Porsiyon

Bileşen

- 3 Yeşil New Mexico şili, kavrulmuş, soyulmuş, sapları ve çekirdekleri çıkarılmış, doğranmış
- 24 büyük Karides, kabukları alınmış, kelebeklenmiş
- 2 yemek kaşığı Tereyağı
- 3 limondan 2 yemek kaşığı Tekila suyu
- ½ su bardağı krem şanti
- 1 yemek kaşığı rendelenmiş kireç kabuğu

Talimatlar:

a) Bu baharatlı karidesler meze veya meze olarak servis edilebilir. Dilerseniz tekila yerine sek beyaz şarap da koyabilirsiniz.

b) Karidesleri ve yeşil şili yarı saydamlıklarını kaybetmeye başlayana kadar tereyağında soteleyin. Karidesleri çıkarın ve sıcak tutun. Isıyı artırın ve tekila ve limon suyunu ekleyin.

c) Karıştırırken kremayı ve kabuğu rendesini ekleyin ve sos koyulaşana kadar karıştırmaya devam edin. Karidesleri tavaya geri koyun ve 2-3 dakika veya karidesler bitene kadar ısıtın. 4-6 kişilik.

24. Tatlı patates ve Tekila çorbası

Verim: 4 Porsiyon

Bileşen

- 3 orta boy tatlı patates
- 4 yemek kaşığı Tekila
- $\frac{1}{4}$ fincan Tuzsuz tereyağı; oda ısısı.
- Tatmak için taze rendelenmiş hindistan cevizi
- $\frac{1}{2}$ çay kaşığı Tuz (veya tadına göre)
- Tatmak için taze çekilmiş beyaz biber

Talimatlar:

a) Soyulmamış tatlı patatesleri ovalayın, büyük parçalar halinde kesin ve hafif tuzlu kaynar suda yumuşayana kadar pişirin. Sonra suyu dökün, tavayı kapatın ve patateslerin yaklaşık 5 dakika "kabartılmasına" izin verin.

b) Patatesleri hızlıca soyun, 2 yemek kaşığı tekila, tereyağı ve hindistan cevizi ekleyin. Elektrikli bir karıştırıcı ile çırpın veya pürüzsüz olana kadar bir mutfak robotunda işleyin.

c) Tuz, beyaz biber ve istenirse 2 yemek kaşığı tekila tadın ve ekleyin. Sıcak servis yapın. 4 ila 6 porsiyon yapar.

MARGARİTA TATLILARI

25. Margarita turtası

Verim: 10 Porsiyon

Bileşen

- 1 paket şurup içinde dondurulmuş çilek (10 ons)
- 1 paket Krem peynir, yumuşatılmış (8 oz.
- ½ su bardağı çözülmüş Margarita karışımı
- 4 ons Soğuk kırbaç - çözülmüş
- 1 paket graham kraker pasta kabuğu

Talimatlar:

a) Çilek, krem peynir ve margarita karışımı konsantresini blender veya mutfak robotuna koyun.

b) İyice karışana kadar orta hızda örtün ve karıştırın. Karışımı orta kaseye dökün; çırpılmış tepesi katlayın.

c) Pasta kabuğuna dökün. 4 ila 6 saat veya sertleşene kadar dondurun. Kesmeden önce 5 ila 10 dakika oda sıcaklığında bekletin.

26. Dondurulmuş çilekli margarita tatlısı

Verim: 8 Porsiyon

Bileşen

- $1\frac{1}{4}$ su bardağı ince dövülmüş kraker
- $\frac{1}{4}$ su bardağı şeker
- $\frac{1}{2}$ su bardağı Tereyağı veya margarin; erimiş
- 1 can Tatlandırılmış yoğunlaştırılmış süt; 14 oz.
- $\frac{1}{4}$ bardak limon suyu
- 2 yemek kaşığı Tekila
- 2 yemek kaşığı portakal likörü
- 1 paket çilek şurup içinde; 10 oz. çözülmüş
- 1 su bardağı krem şanti

Talimatlar:

a) Kabuk yapmak için: Simit, şeker ve eritilmiş tereyağı birleştirin. 8" yaylı kalıbın dibine sıkıca bastırın. Soğutun.

b) Doldurmak için yoğunlaştırılmış süt, limon suyu, tekila ve portakal likörünü birleştirin. Pürüzsüz olana kadar çırpın. Çilekleri ekleyin, iyice karışana kadar düşük hızda çırpın.

c) Krem şanti katlayın. Kabuğun üzerine dökün, 4 - 6 saat veya sertleşene kadar dondurun.

d) Servis yapmadan önce 15 dakika oda sıcaklığında bekletin.

27. Dondurulmuş çilekli margarita turtası

Verim: 1 Porsiyon

Bileşen

- 1¼ İnce öğütülmüş kraker
- ¼ limon suyu
- ¼ Şeker
- 4 Tekila
- ½ + 2 T. eritilmiş tereyağı veya m
- 2 Üçlü saniye veya diğer turuncu
- 14 şekerli yoğunlaştırılmış süt olabilir
- 1 Kırmızı Gıda Boyası
- 1 Doğranmış taze
- 1 Krem şanti - çırpılmış

Talimatlar:

a) Pretzel kırıntılarını, şekeri ve margarini birleştirin; hafifçe tereyağlı 9" turta tabağının kenarına kadar alt ve üst taraflara sıkıca bastırın.

b) Bir kapta şekerli yoğunlaştırılmış süt, doğranmış çilek, limon suyu, tekila, üçlü sn ve istenirse gıda boyasını birleştirin. İyice karıştırın. Çırpılmış kremaya katlayın. Hazırlanan kabuğa dökün.

c) 4 saat veya sertleşene kadar dondurun. Servis yapmadan önce 10 dakika bekletin. Dilediğiniz gibi süsleyin. >> Artıkları dondurun. -- Bir adet 9" turta yapar MARGARITA PIE: Çilekleri ve kırmızı gıda boyasını atlayın.

d) Limon suyunu artırın⅓c. ve istenirse yeşil gıda boyası ekleyin. Yukarıdaki gibi devam edin. 4 saat dondurun. Dilediğiniz gibi süsleyin. Artıkları dondurun.

28. Mango limonlu margarita

Verim: 2 Porsiyon

Bileşen

- 2 Tekila
- 1 Cointreau
- $\frac{1}{4}$ Taze mango; soyulmuş ve doğranmış
- $\frac{1}{2}$ su bardağı taze portakal suyu
- $\frac{1}{2}$ Anahtar veya Meksika limonu; sadece meyve suyu
- 1 bardak Buz; ezilmiş
- 2 dilim Anahtar veya Meksika limonu (garnitür)

Talimatlar:

a) Tekila, Cointreau, mango, portakal suyu, limon suyu ve buzu bir karıştırıcıda birleştirin ve eriyinceye kadar karıştırın.

b) Kireç dilimleri ile süsleyin.

29. Margaritalı cheesecake

Verim: 12 porsiyon

Bileşen

- $1\frac{1}{4}$ fincan Vanilyalı gofret kurabiye kırıntıları
- $\frac{1}{4}$ fincan Tuzsuz tereyağı, eritilmiş
- 3 8 ons paket krem peynir
- Oda sıcaklığı
- 2 su bardağı Ekşi krema
- $1\frac{1}{4}$ su bardağı şeker
- 3 yemek kaşığı Grand Marnier
- 3 yemek kaşığı Altın tekila
- 3 yemek kaşığı Suyu, limon
- 2 çay kaşığı rendelenmiş kireç kabuğu
- 4 büyük Yumurta

Talimatlar:

a) Fırını 350 dereceye kadar önceden ısıtın. Orta kasede kurabiye kırıntıları ve tereyağı karışana kadar karıştırın.

b) Karışımı, 2 3/4 inç yüksek kenarlı 9 inç çapındaki yaylı kalıbın alt ve 1 inç yukarı kenarlarına bastırın. Doldurma hazırlarken soğutun.

c) Elektrikli karıştırıcı kullanarak, krem peyniri kabarık olana kadar büyük bir kapta çırpın.

d) 1 su bardağı ekşi krema, 1 su bardağı şeker, Grand Marnier, tekila, limon suyu ve limon kabuğunu ekleyin ve iyice karışana kadar çırpın. Her eklemeden sonra sadece karışana kadar döverek her seferinde 1 yumurta ekleyin.

e) Dolguyu kabuğun içine dökün. Merkez yumuşak bir şekilde ayarlanana kadar pişirin, yaklaşık 50 dakika. Fırın sıcaklığını koruyun. Kalan 1 su bardağı ekşi krema, $\frac{1}{4}$ su bardağı şeker ve 1 yemek kaşığı limon suyunu küçük bir kapta karıştırın. Cheesecake'in üzerine dökün. Spatula kullanarak üst kısmı pürüzsüz hale getirin. Cheesecake'i 5 dakika daha uzun süre pişirin.

f) Tavayı rafa aktarın ve tamamen soğutun. İyice soğuyana kadar en az 4 saat veya gece boyunca soğutun.

g) Pastayı gevşetmek için bıçağı tava kenarlarına sürün. Tava kenarlarını çıkarın. Keki limon dilimleri ile süsleyin.

30. Margarita kreması

Verim: 8 Porsiyon

Bileşen

- ⅔ su bardağı toz şeker
- 2 çay kaşığı Mısır nişastası
- 1 yemek kaşığı İnce rendelenmiş kireç kabuğu
- ⅓ bardak limon suyu
- 2 yemek kaşığı Her tekila ve Üçlü Sec
- 4 Yumurta sarısı
- 1 su bardağı krem şanti
- 2 su bardağı dilimlenmiş çilek
- 8 adet limon kabuğu rendesi

Talimatlar:

a) Orta ateşte ağır bir tencerede, mısır nişastası ile şekeri çırpın. Kabuğu ve suyu, tekila, Triple Sec ve yumurta sarısını çırpın; 4 dakika veya kalınlaşana ve yüzeyde kabarcıklar oluşana kadar karıştırarak pişirin.

b) kaseye aktarın; plastik sargıyı yüzeye yerleştirin. 1 saat veya çok soğuyuncaya kadar soğutun.

31. çilekli margarita köpüğü

Verim: 5 Porsiyon

Bileşen

- 4 su bardağı bütün çilek, kabuğu soyulmuş
- 1 su bardağı şeker
- 3 yemek kaşığı Kaynar su
- 4 çay kaşığı Tatlandırılmamış jelatin
- ¼ fincan Tekila
- 1 yemek kaşığı Triple sec veya diğer portakal aromalı likör
- 2 su bardağı sade yağsız yoğurt

Talimatlar:

a) Çilekleri bir karıştırıcıya koyun ve pürüzsüz olana kadar işleyin. Büyük bir kaseye dökün; şekerle karıştırın. Örtün ve ara sıra karıştırarak 30 dakika bekletin.

b) Küçük bir kapta kaynar su ve jelatini birleştirin; 5 dakika veya jelatin eriyene kadar sürekli karıştırarak bekletin. Tekila ve üçlü sn ekleyin ve iyice karıştırın. Jelatin karışımını çilek karışımına karıştırın.

c) 10 dakika veya karışım kalınlaşmaya başlayana kadar örtün ve soğutun. Yoğurt (oda sıcaklığında) ekleyin, iyice karışana kadar tel çırpıcı ile karıştırın.

d) Karışımı 5 adet margarita bardağına veya büyük ayaklı bardaklara eşit olarak paylaştırın; örtün ve en az 4 saat veya ayarlanana kadar soğutun.

32. Margarita meyve salatası

Verim: 1 Porsiyon

Bileşen

- 1 Kavun ve ballı kavun, parçalar halinde kesilmiş
- 2 Portakal ve greyfurt, soyulmuş ve dilimlenmiş
- 1 Mango, soyulmuş ve doğranmış
- 2 su bardağı çilek, yarıya bölünmüş
- $\frac{1}{2}$ bardak) şeker
- $\frac{1}{3}$ bardak portakal suyu
- 3 yemek kaşığı Tekila
- 3 yemek kaşığı portakal likörü
- 3 yemek kaşığı limon suyu
- 1 su bardağı iri rendelenmiş taze hindistan cevizi

Talimatlar:

a) Meyveleri birleştirin, bir kenara koyun. Küçük bir tencerede, orta-yüksek ateşte şeker ve portakal suyunu karıştırarak 3 dakika veya şeker eriyene kadar pişirin.

b) Tekila, likör ve limon suyunu karıştırın. Oda sıcaklığına soğumaya bırakın.

c) Meyve ile birleştirin. En az iki saat veya gece boyunca örtün ve soğutun. Servis yapmadan hemen önce hindistan cevizi serpin.

33. Tekila ile bağcıklı İspanyol bademli kek

Verim: 8 porsiyon

Bileşen
- 1 su bardağı + 2 yemek kaşığı badem; hafifçe kavrulmuş
- 1 su bardağı Un; çok amaçlı
- 1¼ çay kaşığı Kabartma tozu
- ¼ çay kaşığı Tuz
- ½ kilo Tereyağı; tuzsuz
- 1 su bardağı şeker
- Taze rendelenmiş Hindistan cevizi
- ½ pint Ağır krema
- 3 yemek kaşığı Pudra şekeri
- 4 yumurta
- ¼ çay kaşığı Saf badem özü
- 3 yemek kaşığı Tekila anejo
- 2 çay kaşığı portakal kabuğu rendesi
- 1 çay kaşığı limon kabuğu rendesi
- ¼ çay kaşığı Hindistan cevizi; rendelenmiş
- dilimlenmiş mango
- ¼ çay kaşığı Vanilya özü
- 1 yemek kaşığı Tekila anejo

Talimatlar:

a) Tüm bademleri ince ince öğütün. 2 yemek kaşığı yer fıstığını bir kenara koyun.

Kalan fındıkları un, kabartma tozu ve tuzla karıştırın ve bir kenara koyun.

b) Elektrikli bir karıştırıcı ile tereyağı ve şekeri krema haline getirin. Yumurtaları teker teker ekleyin, iyice karıştırın, badem özü, tekila, narenciye kabuğu rendesi ve ¼ çay kaşığı rendelenmiş hindistan cevizi ile karıştırın. Badem/un karışımında eklenene kadar karıştırın. Hamuru, tereyağlı ve un ile toz haline getirilmiş 9½ inç 2 inçlik bir tavaya (veya yaylı bir tavaya) yayın.

c) Kalan öğütülmüş bademleri serpin. Orta rafa önceden ısıtılmış 325 derecelik fırına koyun ve test cihazı temiz çıkana kadar (yaklaşık 40-45 dakika) pişirin. 10 dakika soğutun; tepside ters çevirerek tavadan çıkarın. Üzerine pudra şekeri ve taze rendelenmiş hindistan cevizi serpin; garnitür. Lezzetli bir kahve içeceği veya yumurta likörü ile servis yapın.

d) Porsiyon başına besin analizi: 420 kalori, 28 gram yağ, 34 gram karbonhidrat, 135 miligram kolesterol, 189 miligram sodyum, kalorinin yüzde 61'i yağdan.

e) Meksika krem şanti: Soğutulmuş çırpıcılarla soğutulmuş paslanmaz çelik karıştırma kabında, kremayı hafifçe kalınlaşana kadar çırpın. Yavaş yavaş pudra şekeri, vanilya ve tekila ekleyin ve sert tepecikler oluşana kadar çırpın.

34. Tekila ile çilek kase

Verim: 6 Porsiyon

Bileşen
- 6 su bardağı yarıya çilek
- ½ su bardağı Portakal suyu
- ¼ fincan Tekila
- 2 çay kaşığı Taze çekilmiş karabiber
- 2 çay kaşığı balzamik sirke
- Nane dalları, (isteğe bağlı)

Talimatlar:

a) Malzemeleri bir kapta birleştirin ve iyice karıştırın.
b) Örtün ve ara sıra karıştırarak 3 saat soğutun.

35. Nopalito kaktüs salsa ile mercimek kek

Verim: 1 porsiyon

Bileşen
- 1 su bardağı kırmızı mercimek
- 1 su bardağı Yeşil Fransız mercimek
- 1 su bardağı Karışık biber; tatlı ve sıcak,
- ¼ fincan yeşil soğan; dilimlenmiş
- ¼ fincan Soğan; doğranmış
- 2 yumurta
- 1 su bardağı tam buğday unu
- ¼ su bardağı kıyılmış frenk soğanı
- ¼ fincan Havuç ve kereviz; çok küçük doğranmış
- Tuz ve biber
- 1 Nopalito kaktüs; küçük doğranmış
- ½ su bardağı Karışık biber
- ½ fincan Karışık turunçgiller. doğranmış
- ½ su bardağı doğranmış domates
- 1 yemek kaşığı Frenk soğanı; dilimlenmiş
- 3 yemek kaşığı Salantro; doğranmış
- 2 yemek kaşığı Soğan; doğranmış
- 2 Limon; suyu
- 2 yemek kaşığı Zeytinyağı
- Tuz ve biber
- ½ su bardağı Tekila

Talimatlar:

a) Mercimekleri ayrı ayrı tuzlu suda yumuşayana kadar, kırmızı için yaklaşık 15 dakika ve yeşil için 25 dakika pişirin. Boşaltın ve kurulayın.

b) Kırmızı mercimekleri püre haline getirin ve bütün yeşil mercimeklerle karıştırın ve kalanİçindekiler. 24 eşit parçaya bölün ve altın kahverengi olana kadar tavada kızartın.

c) Salsa: Tüm malzemeleri birlikte karıştırın.

36. Tekilalı karpuz çorbası

Verim: 1 porsiyon

Bileşen

- 1 su bardağı şeker
- ½ su bardağı Tekila
- ½ su bardağı Su
- ¼ fincan Üçlü sn
- 1 su bardağı Ağır krema
- 2 yemek kaşığı Karpuz suyu
- 2 yemek kaşığı Üçlü sn
- 3 su bardağı Karpuz; tohumlanmış ve doğranmış
- 2½ su bardağı kavun püresi
- 1½ fincan Tekila şurubu
- ¼ fincan Tekila
- ¼ bardak kavun suyu
- 2 Limon; meyve suyu

- 4 yemek kaşığı kavun
- 1 yemek kaşığı Üçlü sn
- 1 Tekila şurubunda beyazlatılmış kireç; lezzet

Talimatlar:

a) Tekila şurubu yapın: Tüm şurup Malzemelerini birleştirin. Şeker eriyene kadar orta ateşte tutun. Soğuyana kadar soğutun.

b) Üç saniyelik krem şanti garnitür yapın: Krem şantiyi birleştirin Malzemeler ave sert zirvelere yendi. Mumlu kağıt kaplı tavada pipo rozetleri. Donmak.

c) Çorba yapın: Bir mutfak robotuna 3 bardak karpuz koyun. Fazla suyu dökün ve rezerve edin.

d) Karpuzu pürüzsüz olana kadar püre haline getirin. Bir kapta kavun püresi, ayrılmış meyve suyu, $1\frac{1}{2}$ su bardağı tekila şurubu, $\frac{1}{4}$ su bardağı tekila, iki limonun suyunu birleştirin ve soğutun. Başka bir küçük kapta, garnitür için 4 yemek kaşığı doğranmış kavun, 1 yemek kaşığı üçlü sn ve limon kabuğu rendesi ve soğuk birleştirin.

e) Servis yapmak için krem şanti garnitürünü Kosher tuzu çerçeveli bir kasenin veya bardağın dibine koyun. 6 ons çorbayı kaseye veya bardağa dökün. 1 yemek kaşığı doğranmış kavun ile süsleyin ve tuz serpin.

37. Margarita tereyağı ile mısır yengeç kek

Verim: 1 Porsiyon

Bileşen

- 2 kilo Yengeç eti; temizlenmiş
- 2 yemek kaşığı hardal
- 2 çay kaşığı Worcestershire sosu
- $\frac{1}{2}$ çay kaşığı Cayenne biberi
- 1 su bardağı Ekmek kırıntıları
- 1 su bardağı Mayonez
- 2 Serrano biberi; tohumlanmış ve doğranmış
- $\frac{1}{2}$ su bardağı kavrulmuş mısır
- $\frac{1}{2}$ kırmızı dolmalık biber; doğranmış
- $\frac{1}{2}$ Kırmızı soğan; doğranmış
- 2 yemek kaşığı Taze kişniş; kıyılmış
- Tuz ve biber
- 1 su bardağı Tavuk suyu

- ½ su bardağı Tekila
- ¼ bardak limon suyu
- 1 bardak Beyaz şarap
- ¼ fincan Ağır krema
- 2 kilo Tuzsuz tereyağı
- Tuz ve beyaz biber

Talimatlar:

a) YENGEÇ KEK Fırında mısır rostosu. Mayonez, hardal ve yengeç eti hariç tüm malzemeleri birleştirin ve iyice karıştırın. Yengeç eti ekleyin ve hardal ve mayonezle karıştırın. Kek haline getirin ve tavada kızartın.

b) TEKİLA KİREÇ YAĞI Tüm sıvıları büyük bir kapta birleştirin ve hacminin dörtte birine kadar azaltın. Tereyağını bir inç kareler halinde kesin ve sürekli çırparak sıvıya bir seferde iki küp ekleyin. Karıştırıcıda, emülsifiye olana kadar üç ila beş kez vurun. Tatmak için biber ve tuz.

Margarita Çeşnileri

38. Greyfurt margarita sosu

Verim: 4 Porsiyon

Bileşen

- 4 arpacık
- 2 jalapeno
- 1 yemek kaşığı bitkisel yağ
- 1 demet kişniş sapı
- 2 su bardağı greyfurt suyu
- ½ su bardağı tavuk suyu
- 3 oz. Tekila
- ¼ c limon suyu
- 2 yemek kaşığı mısır nişastası, her biri 2¼ c greyfurt, portakal ve misket limonu dilimlerinde çözülmüş,
- 2 Yemek kaşığı doğranmış kişniş
- 1 oz. Cointreau
- Tuz

Talimatlar:

a) Orta yüksek ısıda orta bir tencerede yağı ısıtın. Arpacık, jalapeno, kişniş saplarını ekleyin ve 3 dakika terleyin. Greyfurt suyu, tavuk suyu, tekila ve limon suyu ekleyin. Kaynamaya getirin.

b) Sürekli karıştırarak, sos koyulaşmaya başlayana kadar yavaş yavaş mısır nişastası karışımını dökün - hepsini kullanmanıza gerek kalmayacak. Yaklaşık 20 dakika kaynatın. İnce bir elekten süzün. Narenciye dilimleri, kişniş ve Cointreau'ya katlayın. Tuzla tatmak için mevsim.

39.	Monterey jack tekila fondü

Verim: 6 porsiyon

Bileşen

- 10 ons Tavuk suyu
- ⅓ fincan tekila
- 1 pound Monterey Jack peyniri, rendelenmiş
- 1½ yemek kaşığı Mısır nişastası

Talimatlar:

a) Et suyu ve tekilayı kaynatın. Isıyı azaltın ve rendelenmiş peyniri ekleyin, pürüzsüz olana kadar karıştırın. Mısır nişastasında karıştırın ve kalın ve kabarcıklı olana kadar pişirmeye devam edin.

b) Fondü tenceresine dökün ve kısık ateşte ayarlayın. Sebze kepçeleri ve salsa ile servis yapın. 6 porsiyon yapar.

40. Kümes hayvanları için Margarita sır

Verim: 1 Porsiyon

Bileşen

- ¼ fincan Bal
- ¼ fincan Üçlü sn
- ¼ bardak limon suyu
- ¼ fincan Tekila

Talimatlar:

a) Karışım

41. Margarita jalapeno salsa

Verim: 1 Porsiyon

Bileşen

- $\frac{1}{2}$ fincan Küp domates (1/2 inç küpler)
- $\frac{1}{2}$ su bardağı Orta-ince doğranmış kırmızı veya beyaz soğan
- 4 veya daha fazla taze Jalapeno şili; çok ince kıyılmış
- 1 diş sarımsak; kıyılmış
- $\frac{1}{2}$ çay kaşığı Tuz; ya da tatmak
- $\frac{1}{4}$ fincan Altın veya beyaz tekila

Talimatlar:

a) Tüm Malzemeleri birleştirin ve oda sıcaklığında en az 30 dakika bekletin.

b) Baharatları tadın ve ayarlayın.

c) Yaklaşık 1-$\frac{1}{2}$ bardak yapar.

42. Margarita turşusu

Verim: 1 parti

Bileşen

- 10 ons Doğranmış domates olabilir
- Ve yeşil biberler, süzülmüş
- $\frac{1}{4}$ bardak Portakal suyu
- $\frac{1}{4}$ fincan Tekila
- $\frac{1}{4}$ fincan Bitkisel yağ
- 2 yemek kaşığı Taze limon suyu
- 1 yemek kaşığı Bal
- 1 çay kaşığı kıyılmış taze sarımsak
- 1 çay kaşığı rendelenmiş kireç kabuğu

Talimatlar:

a) Büyük plastik gıda torbasında et hariç tüm malzemeleri birleştirin.

b) İyice karıştırın.

43. Margarita salamura

Verim: 1 parti

Bileşen

- 10 ons Doğranmış domates olabilir
- Ve yeşil biberler, süzülmüş
- ¼ bardak Portakal suyu
- ¼ fincan Tekila
- ¼ fincan Bitkisel yağ
- 2 pound Domuz bonfile veya
- Tavuk göğsü veya
- 2 yemek kaşığı Taze limon suyu
- 1 yemek kaşığı Bal
- 1 çay kaşığı kıyılmış taze sarımsak
- 1 çay kaşığı rendelenmiş kireç kabuğu

Talimatlar:

a) Büyük plastik gıda torbasında tüm malzemeleri karıştırın.

44. Margarita karides turşusu

Verim: 1 porsiyon

Bileşen

- ¼ fincan Bitkisel yağ
- 3 yemek kaşığı Taze limon suyu
- 3 yemek kaşığı Tekila
- 2 yemek kaşığı Üçlü sn
- 1 büyük Jalapeno biberi; tohumlanmış, kıyılmış
- 1½ çay kaşığı rendelenmiş limon kabuğu
- 1 çay kaşığı biber tozu
- 1 çay kaşığı Şeker
- ½ çay kaşığı kaba tuz

Talimatlar:

a) Tüm Malzemeler küçük bir kapta karıştırılır. 15 dakika bekletin.

b) Örtün ve soğutun.

45. Tekila limon aroması

Verim: 4 porsiyon

Bileşen

- 2 Limon, soyulmuş ve doğranmış
- Bölümler
- 2 ons Tekila, tercihen Cuervo
- Altın
- 1 küçük Beyaz soğan, doğranmış
- 2 yemek kaşığı Acı biber jölesi
- 2 yemek kaşığı Beyaz şarap
- 1 yemek kaşığı Sherry veya Şampanya sirkesi
- 1 yemek kaşığı Taze kişniş, doğranmış
- 1 çay kaşığı kavrulmuş kimyon tohumu

Talimatlar:

a) Tüm malzemeleri karıştırıp 1 saat bekletin.

b) Süslemek için havuç kabukları ve frenk soğanı kullanın.

margarita mezeler

46.   Margarita topları

Verim: 1 Porsiyon

Bileşen

- 1 paket (12 ons) vanilyalı gofret
- ½ fincan Pretzel kırıntısı; (yaklaşık 1 su bardağı simit)
- 1 paket (16 ons) şekerleme şekeri; elenmiş
- ¾ fincan Dondurulmuş margarita veya limonata konsantresi; çözülmüş
- 2 paket (3 ons) krem peynir
- 1 çay kaşığı Tekila; veya tatmak, isteğe bağlı
- 1 çay kaşığı Üçlü Sek; (portakal likörü) veya tadı isteğe bağlı
- 1 kireçten kabuk; rendelenmiş ince, (bölünmüş kullanım)
- 1 Çalkalayıcı; (2,25 ons) yeşil dekoratör şeker

- 1 su bardağı toz şeker

Talimatlar:

a) Vanilyalı gofretlerin yarısını bıçaklı mutfak robotunun kasesine yerleştirin. İnce kırıntılara kadar işleyin. Kırıntıları çıkarın ve rezerve edin. Kalan gofretlerle tekrarlayın.

b) Pretzelleri (yaklaşık 1 fincan) mutfak robotuna ekleyin ve $\frac{1}{2}$ fincan kırıntısı elde etmek için ince kırıntılara dönüştürün.

c) Büyük bir kapta gofret kırıntıları, simit kırıntıları, pudra şekeri, margarita konsantresi ve krem peyniri geniş bir kapta birleştirin. İsterseniz tekila ve Üçlü Sec ekleyin. Harmanlanana kadar karıştırın. Karışımı ikiye bölün. Her bir yarıyı plastikle sıkıca sarın ve bir kenara koyun.

d) Rendelenmiş kirecin yarısını dekoratör şekerle, yarısını da toz şekerle küçük tabaklarda veya küçük kaselerde limon kabuğunu eşit olarak dağıtmak için karıştırarak birleştirin.

e) Hamurun 1 kısmındaki plastiği çıkarın ve 1 inçlik toplara şekil verin.

f) Her bir topu şekillendirdikten sonra, her birini yeşil veya beyaz şekerle yuvarlayın. Çabuk çalışın çünkü toplar çabuk kurur. Tüm hamur kullanılana kadar tekrarlayın.

g) 1 haftaya kadar buzdolabında hava geçirmez bir kapta saklayın

47. Margarita kekleri

Verim: 12 Porsiyon

Bileşen

- 2½ su bardağı Çok amaçlı un
- ⅓ su bardağı toz şeker
- 2 çay kaşığı kabartma tozu
- 1 çay kaşığı kabartma tozu
- 2 büyük Yumurta
- 1 yemek kaşığı Altın tekila
- 1 yemek kaşığı Üçlü Sek
- 2 yemek kaşığı Taze sıkılmış limon suyu
- 1 su bardağı ayran
- 1 yemek kaşığı limon kabuğu rendesi
- 2 çay kaşığı Kireç kabuğu rendesi
- koşer tuzu

Talimatlar:

a) Fırını önceden 400 dereceye ısıtın. Un, şeker, kabartma tozu ve kabartma tozunu büyük bir kapta çırpın veya eleyin. Orta boy bir kapta, yumurtaları hafifçe çırpın. Kalan ıslak malzemeleri ekleyin ve iyice karıştırın.

b) Kuru Malzemelerin ortasında bir kuyu yapın. Sıvıları, limon kabuğu rendesini ve limon kabuğu rendesini ekleyin. Sadece ıslak ve kuru karışımı karıştırmak için hafifçe karıştırın. Yağlanmış muffin kaplarına paylaştırın. Muffinlerin üzerine hafifçe koşer tuzu serpin. 15 ila 20 dakika pişirin. Tavadan çıkarın ve rafta soğutun.

48. Margarita domuz kebapları

Verim: 1 Porsiyon

Bileşen

- 1 pound Zırh Döşeme ve İhale Domuz Bonfile, 1 inç küpler halinde kesilmiş
- 1 su bardağı Margarita karışımı (VEYA 1 su bardağı limon suyu, 4 t. şeker, 1/2 t. tuz)
- 1 çay kaşığı Öğütülmüş kişniş
- 1 diş sarımsak; kıyılmış
- 1 büyük Yeşil veya kırmızı biber; 8 parçaya bölün
- 2 yemek kaşığı Tereyağı; yumuşatılmış
- 2 Kulak mısır; 8 parçaya bölün
- 2 çay kaşığı limon suyu
- $\frac{1}{8}$ çay kaşığı şeker
- 1 yemek kaşığı kıyılmış maydanoz

Talimatlar:

a) Margarita karışımı, kişniş ve sarımsağı birleştirin. Domuz küplerini ağır plastik torbaya koyun; Üzerini kaplayacak şekilde marineyi dökün. En az 30 dakika marine edin.

b) Tereyağı, limon suyu, şeker ve maydanozu iyice karıştırın; bir kenara koyun.

c) Domuz küplerini mısır ve biber parçalarıyla dönüşümlü olarak şişlere geçirin.

d) Kızgın kömürlerin üzerinde tereyağ karışımıyla teyelleyerek 10-15 dakika sık sık çevirerek ızgara yapın.

49. Margarita karides ve sebze kebapları

Verim: 1 porsiyon

Bileşen

- 1 Zarf İyi Mevsim İtalyan Salata Sosu Karışımı
- ½ su bardağı sıvı yağ
- ¼ fincan Tekila
- ¼ bardak limon suyu
- 1 pound Büyük karides; temizlenmiş
- Çeşitli kesilmiş taze sebzeler;
- limon dilimleri
- Yenilebilir taze çiçek

Talimatlar:

a) Salata sosu karışımı, yağ, tekila ve limon suyunu iyice karışana kadar karıştırın.

b) Karides ve sebzelerin üzerine dökün; örtmek. Marine etmek için 1 saat veya gece boyunca soğutun. Boşaltmak. Karidesleri ve sebzeleri şişlerin üzerine dizin. Kebapları orta-sıcak kömürlerin üzerinde bir kez çevirerek 10 ila 15 dakika ızgarada ızgara yapın. Limon dilimleri ve yenilebilir taze çiçeklerle süsleyin.

50. Margarita karides şişleri

Verim: 27 Porsiyon

Bileşen

- ½ su bardağı Tekila
- ¼ su bardağı taze limon suyu
- 1½ ons Portakal suyu konsantresi; çözülmüş
- 2 çay kaşığı Bitkisel yağ
- 1½ pound Orta boy karides; soyulmuş ve deveined
- Islanmış bambu şişler
- 3 Taze jalapeno; yönlendirildiği gibi kes
- 1 büyük kırmızı dolmalık biber; 1/2 inç kareler halinde kesin
- Kaba tuz
- Kıyılmış taze kişniş
- Kireç takozlar

Talimatlar:

a) Her bir jalapenoyu 8 küçük parçaya ayırın Malzemeleri küçük bir kapta birleştirerek marine sosu hazırlayın. Karidesleri plastik bir torbaya veya sığ bir kaba koyun, üzerlerine marine sosu dökün ve 30 dakika buzdolabında bekletin.

b) Izgarayı ateşleyin, sıcaklığı yüksek seviyeye getirin (el testiyle 1 ila 2 saniye).

c) Izgara ısınırken, karidesleri boşaltın, turşuyu atın. Jalapeno ve dolmalık biber parçaları ile şiş karides, ötmeden kaçının. İlk karidesin bir ucunu bir şişin üzerine kaydırın, karidesin kıvrımında dinlenmek için bir parça jalapeno ve dolmalık biber ekleyin ve ardından karidesin diğer ucunu şişin üzerine kaydırın. İkinci bir karides ve jalapeno ve dolmalık biber parçaları ile aynı şiş üzerinde tekrarlayın. Kalan kebapları toplayın ve hafifçe tuz serpin.

d) Karidesler opak ve kenarları hafif kahverengi olana kadar, kebapları yüksek ısıda her bir tarafta 1-$\frac{1}{2}$ ila 2 dakika ızgara yapın. Jalapeno ve dolmalık biber biraz gevrek kalmalıdır. Izgara kapalıysa, kebapları aynı süre boyunca, ortasında bir kez çevirerek pişirin.

e) Bittiğinde, kebapları hafifçe kişniş serpin ve sıkmak için limon dilimleri ile sıcak servis yapın.

51. Margarita karidesli tacos

Verim: 6 Porsiyon

Bileşen

- $1\frac{1}{2}$ pound Kabuklu Karides; pişmemiş
- $\frac{1}{2}$ su bardağı Tekila
- $\frac{1}{2}$ su bardağı limon suyu
- 1 çay kaşığı Tuz
- 1 Diş kıyılmış Sarımsak karanfil; veya daha fazla tatmak
- 3 yemek kaşığı Zeytinyağı; veya daha az
- 2 yemek kaşığı kıyılmış kişniş
- 24 Un ekmeği; (6 veya 7 inç)
- Kıyılmış marul
- 1 Avokado; dilimlenmiş; yada daha fazla
- Salsa Fresca; ihyaç olduğu gibi
- 1 kutu (15 oz.) Siyah fasulye
- 1 kutu (10 oz.) Mısır taneleri

- ½ su bardağı doğranmış kırmızı soğan
- ¼ su bardağı Zeytinyağı
- 2 yemek kaşığı limon suyu
- ¼ çay kaşığı öğütülmüş kimyon
- ¼ çay kaşığı kekik
- ¼ çay kaşığı Tuz

Talimatlar:

a) İstenirse, kuyrukları tutan karidesleri soyun ve soyun; bir kenara koyun. Tekila, limon suyu, tuzu birleştirin; Karideslerin üzerine dökün ve 1 saatten fazla marine etmeyin.

b) Kıyılmış sarımsağı 1 yemek kaşığı yağda açık kahverengi olana kadar soteleyin; karides ekleyin, pişirin ve bitene kadar 2 ila 3 dakika karıştırın. Gerektiği kadar yağ ekleyin.

c) Salantro serpin ve sıcak tutun. Her taco için 2 yumuşak ekmeği birlikte katlayın; rendelenmiş marul ve Siyah Fasulye ve

Mısır Relish ile doldurun. Karides, avokado dilimleri ve salsa ile doldurun.

d) Siyah Fasulye ve Mısır Relish: Fasulyeleri durulayın ve boşaltın; mısırı süzün, fasulye ve mısırı kalan malzemelerle birleştirin; tatları karıştırmak için soğutun.

52. Bir tekila gündoğumu ile servis edilen fajita

Verim: 2 porsiyon

Bileşen

- 1 yemek kaşığı Bitkisel yağ
- 1 küçük soğan; ince doğranmış
- 2 diş sarımsak
- 1 kırmızı biber; ince doğranmış
- 1 çay kaşığı öğütülmüş kimyon
- 1 400 gram kırmızı barbunya fasulyesi olabilir; süzülmüş ve durulanmış
- 1 kireç
- 1 yemek kaşığı Bitkisel yağ
- 1 küçük kırmızı biber; tohumsuz
- 1 küçük sarı biber
- 2 büyük yeşil biber; dilimlenmiş
- 1 kırmızı soğan
- 1 küçük demet kişniş

- Tuz ve biber
- 150 mililitre Ekşi krema
- 100 gram Çedar peyniri; rendelenmiş
- 4 Un ekmeği
- 120 mililitre Tekila
- 175 mililitre Portakal suyu
- 2 yemek kaşığı Grenadin şurubu
- Buz; hizmet etmek
- 1 Kireç; süslemek için dilimler halinde kesin
- 1 kavanoz hazır salsa
- 1 torba yeşil salata yaprağı

Talimatlar:

a) Kuru Fasulye için: Küçük bir tavayı 1 yemek kaşığı sıvı yağ ile ısıtın. Doğranmış soğanı karıştırın ve bir dakika kızartın.

b) Sarımsakları ezin ve 1 çay kaşığı öğütülmüş kimyon ve doğranmış kırmızı biber ekleyin. 2-3 dakika yumuşayana kadar pişirin.

c) Sebze Dolum için: Bir ızgara tavasını çok sıcak olana ve neredeyse sigara içilene kadar ısıtarak başlayın. Tavaya 1 yemek kaşığı sıvı yağ ekleyin.

d) Kırmızı biberi şeritler halinde doğrayın ve sarı biber şeritleriyle birlikte tavaya ekleyin. Hafifçe kömürleşene kadar 3-4 dakika pişirin.

e) Soğanı sekiz kama halinde dilimleyin ve yeşil biber şeritleriyle birlikte yumuşatılmış biberlere ekleyin. Ara sıra çevirerek, kömürleşene kadar 2-3 dakika pişirin.

f) Yumuşayan soğan karışımına barbunya fasulyesini ekleyin ve 1 misket limonunun suyunu sıkın. Yumuşayana kadar 3-4 dakika daha pişirin. Kişnişi doğrayın ve süslemek için birkaç dal bırakın.

g) Un ekmeğini mikrodalgada 30 saniye yüksekte pişirin. Fasulyeleri ocaktan alın ve karışımı patates ezici ile püre haline getirin. Doğranmış maydanozu ekleyip baharatlayın.

h) Un ekmeğini alın ve her birine biraz kızartılmış fasulye ekleyin. Üzerine sebzeler, bir çiseleyen ekşi krema ve bir tutam peynir serpin.

i) Yuvarlayın ve ek yerleri alta gelecek şekilde servis tabağına yerleştirin. Kişniş, salsa ve karışık yapraklarla süsleyin.

j) Tekila Sunrise için: Tekila ve portakal suyunu bir ölçüm sürahisinde karıştırın. Buzla dolu bir bardağın üzerine dökün. Bardağı hafifçe eğin ve grenadin şurubunu dökün. Garnitür olarak limon dilimi koyun ve fajitalarla birlikte servis yapın.

53. Mango-tekila soslu Gala cips

Verim: 6 porsiyon

Bileşen

- 6 Mısır VEYA 4 Un ekmeği
- 3 yemek kaşığı Tereyağı
- 6 yemek kaşığı kadar şeker
- $1\frac{1}{2}$ litre Dondurma veya şerbet veya bir karışım
- 3 su bardağı Kesilmiş taze meyve
- Mango-Tekila Sosu;
- şekerli fındık
- $\frac{3}{4}$ fincan çikolata parçaları

Talimatlar:

a) Ekmeği bir yığın halinde istifleyin ve her biri mısır için 6 veya un için her biri 8 olmak üzere üçgenler halinde kesin.

b) Geniş bir tavaya $\frac{1}{2}$ yemek kaşığı tereyağı ve 1 yemek kaşığı şeker koyun. Tereyağı köpürene ve şeker eriyene kadar orta ateşte tutun.

c) Üst üste binmeden sığabilecek kadar tortilla üçgeni ekleyin ve yaklaşık 1 dakika kadar kabarana kadar kızartın. Diğer tarafı altın rengi alana kadar çevirin ve yaklaşık 1 dakika daha kızartın. Üst üste binmeden bir tabağa alın. Tavaya daha fazla tereyağı ve şeker ekleyin ve tüm üçgenler çıtır çıtır olana kadar daha fazla tur devam edin.

d) Bir araya getirmek için, büyük bir tabağın ortasına dondurma veya şerbet toplarını yerleştirin. Dondurmanın etrafına meyve parçaları serpin ve tortilla üçgenlerini oraya buraya sıkıştırın. Hepsinin üzerine kaşık Mango-Tekila sosu. Şekerli Fındık ve çikolata parçaları ile nokta. Hemen servis yapın.

54. Kireç ve tekila tatlı patates

Verim: 1 porsiyon

Bileşen

- 2 pound Tatlı patates; soyulmuş
- $\frac{1}{4}$ su bardağı taze limon suyu
- 2 yemek kaşığı Bal
- 1 yemek kaşığı Tekila

Talimatlar:

a) Tatlı patatesleri $\frac{3}{4}$ inç kalınlığında dilimler halinde kesin. Dilimleri büyük bir tavada yüksek ateşte yaklaşık 6 dakika kaynatın. Boşaltmak. Tatlı patatesler sadece yumuşak olmalıdır. Bir kapta limon suyu, bal ve tekila karıştırın.

b) Patateslerin üzerine fırçalayın. Yağlanmış ızgarada 4 ila 6 dakika ızgara yapın. Karışımla tekrar tekrar fırçalayın ve sık sık çevirin. Tatlı patatesler kızardıklarında yapılır.

55. Izgara tekila kireç ananas parçaları

Verim: 4 porsiyon

Bileşen

- 1 büyük olgun ananas
- ¼ fincan Tekila
- ¼ su bardağı Taze sıkılmış limon suyu
- 2 yemek kaşığı Esmer şeker

Talimatlar:

a) Orta boy bir kapta tekila, limon suyu ve şekeri birleştirin. Ananas parçalarını ekleyin ve kaplamak için atın. 30 dakika oda sıcaklığında marine edelim

b) Izgarayı orta yüksekliğe kadar önceden ısıtın. Ananas parçalarını boşaltın ve şişlere bölün. Izgarayı iyice fırçalayın, yağlı kağıt havluyla silin ve şişleri ızgaraya açılı olarak yerleştirin.

c) Dışarısı hafifçe karamelize olana kadar sık sık çevirerek toplam 68 dakika pişirin.

d) Izgaradan çıkarın, hafifçe soğumaya bırakın ve her Karpuz Granita kasesine 2 şiş servis yapın.

KLASİK MARGARITA KOKTEYLLERİ

56. kayısı margarita

Verim: 16 Porsiyon

İçindekiler

- 46 ons Kayısı nektarı
- 6 ons Dondurulmuş limonata konsantresi; Çözülmüş
- 1 su bardağı Tekila
- ½ su bardağı Kayısı brendi
- 4 bardak Ezilmiş buz
- Kayısı veya limon dilimleri; İsteğe bağlı
- Kaba tuz; isteğe bağlı

Talimatlar

a) 4 litrelik metal olmayan kapta kayısı nektarı, limonata konsantresi, tekila, brendi ve buzu birleştirin. Örtmek; Ara sıra karıştırarak yaklaşık 4 saat veya sulu kıvama gelene kadar dondurun.

b) Servis zamanında karışımı karıştırın. 3 bardak karışımı bir seferde blender kabına dökün. Örtmek; istenilen kıvama gelene kadar karıştırın.

c) Servis yapmak için bardakların kenarlarını limon dilimleriyle ovalayın; kenarları kaba tuza batırın. Her bardağı margarita karışımıyla doldurun. Kayısı dilimleri ile süsleyin.

57.   bira margarita

Verim: 1 Porsiyon

Bileşen

- 6 ons Dondurulmuş konsantre Limeade olabilir
- 6 ons Tekila
- 6 ons bira

Talimatlar

a) Malzemeleri karıştırıcıda birleştirin, birkaç buz küpü ekleyin ve kısaca karıştırın. Birkaç dakika ayarlanmasına izin verin.

b) İçeriği tuz kenarlı bardağa buzun üzerine dökün.

58. Mavi Margarita

Verim: 1 porsiyon

Bileşen

- $1\frac{1}{2}$ sıvı ons Tekila
- 1 sıvı ons Limon suyu
- $\frac{1}{2}$ sıvı ons Mavi Curacao

Talimatlar

a) Camın kenarını limon suyuyla ovun ve bar tuzuna daldırın.

b) Malzemeleri buzla çalkalayın ve margarita bardağına süzün.

59.   kaktüs armut margarita

Verim: 4 porsiyon

Bileşen

- Limon dilimi
- Kaba tuz
- 8 ons Beyaz tekila
- 4 ons Cointreau
- 4 ons Kaktüs armut suyu
- 2 ons Gül limon suyu
- 2 su bardağı buz küpleri

Talimatlar

a) Kokteyl bardaklarının kenarlarına kireç kaması sürün ve kenarlarını bir kaba tuz tabağına daldırın.

b) Tekila, Cointreau, kaktüs armut ve limon suyu ve buz küplerini bir karıştırıcıya koyun ve köpürene kadar karıştırın.

c) Gözlükler arasında bölün.

60. kafe margaritaları

Verim: 12 Porsiyon

Bileşen

- Kireç takozlar
- Kaba tuz
- 3½ fincan Ev Yapımı Tatlı ve Ekşi Karışımı
- 1 su bardağı Altın tekila
- ½ fincan Üçlü sn
- 16 buz küpü
- 12 limon dilimi

Talimatlar

a) 12 bardağın kenarlarını kireç takozları ile ovun. Kenarları kaba tuza batırın.

b) 1-¾ su bardağı tatlı ve ekşi karışımı, ½ su bardağı tekila, ¼ su bardağı üçlü sn ve 8 buz küpünü blenderda birleştirin. İyice karışana kadar işleyin. 6 bardağa dökün.

c) Kalan tatlı ve ekşi karışımı, tekila, üçlü saniye ve buz küpleri ile tekrarlayın. 6 bardağa dökün. Kireç dilimi ile süsleyin.

61. Taze limonlu margarita

Verim: 4 Porsiyon

Bileşen

- 1 su bardağı Taze limon suyu
- Tuz
- 1 su bardağı Cuervo Altın tekila
- $\frac{1}{2}$ fincan Üç Sek portakal likörü
- 1 yemek kaşığı Şeker
- 1 yemek kaşığı Su
- 1 Yumurta beyazı
- 1 litre Ezilmiş buz

Talimatlar

a) 4 (7 oz.) bardağın kenarlarını biraz limon suyuyla nemlendirin. Jantları kaplamak için tuzda yuvarlayın. Soğut.

b) Şekeri suyla karıştırın. Tekila, limon suyu, üçlü sn ve yumurta akı ile bir karıştırıcıya yerleştirin. İyice karıştırın; kırılmış buzu ekleyin ve kısaca karıştırın.

c) Tuzun hiçbirini yıkamadan bardaklara dikkatlice dökün. İçecek çok güçlüyse tatmak için daha fazla buz ekleyin.

62.　　köpüklü margarita

Verim: 1 Porsiyon

Bileşen

- Misket limonu suyu
- Tuz
- $1\frac{1}{2}$ ons Tekila
- $\frac{1}{2}$ ons portakal likörü
- 3 yemek kaşığı Şişelenmiş tatlı ve ekşi karışımı
- Kırık buz

Talimatlar

a) Camın kenarını limon suyuyla nemlendirin ve cam kenarını tuzla kenarını kaplamak için döndürün.

b) Tekila, portakal likörü ve tatlı ve ekşi karışımı, kırılmış buzla blenderda birleştirin.

c) Köpürene kadar karıştırın ve hazırlanmış bardağa dökün.

63. Dondurulmuş mango margarita

Verim: 4 Porsiyon

Bileşen

- ½ bardak) şeker
- ½ su bardağı Su
- 1 Adet Taze zencefil - (1" uzunluğunda); dilimlenmiş
- 2 orta boy Mango; soyulmuş, çekirdeksiz
- ½ fincan Votka
- 2 su bardağı buz küpleri

Talimatlar

a) Ağır küçük tencerede şeker, su ve zencefil birleştirin. Şeker eriyene kadar orta ateşte karıştırın. 5 dakika kaynatın. Ateşten alın.

b) Üzerini örtüp 1 saat demlenmeye bırakın. Gerginlik. Mangoları blenderda püre haline getirin.

c) Ölçü kabına dökün. ¾ fincan püreyi blendera geri koyun. Karıştırıcıya ½ fincan zencefil şurubu, votka ve buz küpleri ekleyin. Pürüzsüz olana kadar karıştır.

d) Martini bardaklarında servis yapın.

64.   Dondurulmuş kavun margarita

Verim: 4 porsiyon

Bileşen

- $3\frac{1}{2}$ bardak Honeydew kavun topları
- $\frac{3}{4}$ fincan Tekila; beyaz
- $\frac{1}{3}$ fincan taze limon suyu
- $\frac{1}{4}$ fincan Şeker; ya da tatmak

Talimatlar

a) Kavunun kabuğunu ve çekirdeklerini çıkarıp atın ve $3\frac{1}{2}$ bardak ölçmek için $\frac{1}{2}$ inç küpler halinde yeterince meyve kesin.

b) Kavun küplerini kapatılabilir plastik bir torbada en az 3 saat ve bir haftaya kadar dondurun.

c) Dondurulmuş kavun küplerini kalan Malzemelerle pürüzsüz olana kadar bir karıştırıcıda püre haline getirin. İçeceği 4 saplı bardağa dökün.

65. jalapeno margaritaları

Verim: 1 Porsiyon

Bileşen

- 4 Jalapeno biberi, uzunlamasına ikiye bölünmüş
- 16 ons tekila
- 1 ons Üçlü Sec likör
- 3 ons şişelenmiş/taze limon suyu
- Süslemek için kaba tuz (isteğe bağlı)

Talimatlar

a) Biberleri tekila şişesine koyun ve en az üç gün demlenmesine izin verin. 4 margarita için 150ml ($\frac{1}{4}$ pint) jalapeno tekila, 30ml Triple Sec ve 90ml limon suyunu buzla dolu bir kokteyl çalkalayıcıya dökün.

b) Karıştırın ve taze buz küplerinin üzerinde bardaklara süzün.

66. Margarita granita

Verim: 4 Porsiyon

Bileşens

- 1 su bardağı artı 2 yemek kaşığı şeker
- 1 yemek kaşığı ince rendelenmiş limon kabuğu rendesi
- 6 yemek kaşığı taze sıkılmış limon suyu (yaklaşık 3 limon)
- 3 yemek kaşığı tekila
- 2 yemek kaşığı taze portakal suyu
- Kaba tuz
- Servis için kireç dilimleri (isteğe bağlı)

Talimatlar

a) Orta boy bir tencerede 3 3/4 su bardağı su ve şekeri orta-yüksek ateşte şeker eriyene kadar yaklaşık 1 dakika karıştırarak pişirin. Limon kabuğu rendesi ve suyu, tekila ve portakal suyunu karıştırın. 1/4 çay kaşığı tuzla tatlandırın.

b) Karışımı sığ bir tabağa dökün; soğutun, ardından plastik sargı ile sıkıca kapatın. Ayarlanana kadar dondurun, 6 saat veya gece boyunca. Bir çatalın uçlarını kullanarak, pullar oluşana kadar karışımı kazıyın. Servis yapmaya hazır olana kadar dondurun (kapalı).

c) İstenirse kireç dilimleri ile süsleyin.

67. papaya margarita

Verim: 12 porsiyon

Bileşen

- 2 Papaya, soyulmuş ve doğranmış
- 1 su bardağı Altın tekila
- ¾ fincan Üç Saniye
- ½ su bardağı taze limon suyu artı 2
- tüberküloz
- Kırık buz
- Kenarları için tuz
- Bardak
- 4 dilim Yıldız meyvesi

Talimatlar

a) Bir mutfak robotunda papayayı pürüzsüz olana kadar püre haline getirin. Kauçuk bir spatula kullanarak çıkarın ve küçük bir kaba koyun. 1 saat soğutun.

b) Bir karıştırıcıda pürenin yarısını, tekilanın yarısını, $\frac{1}{4}$ bardak limon suyunu ekleyin ve kırılmış buzla doldurun. Karışımı kalın ve sulu olana kadar yüksekte karıştırın. Bir sürahiye dökün.

c) Kalan Malzemeler ile tekrarlayın. Bardağın kenarını 2 yemek kaşığı limon suyuna ve ardından tuza koyun.

d) Bardaklara dökün ve kenarlarını bir parça yıldız meyve ile süsleyin.

68.   ahududu margarita

Verim: 1 Porsiyon

Bileşen

- 1 paket (küçük) dondurulmuş ahududu; 6 ons
- 1 kutu (6 oz.) donmuş limonata
- 1 Tekila veya rom olabilir
- 2 ons Üçlü saniye

Talimatlar

a) Tüm Malzemeleri bir karıştırıcıya koyun.

b) İstenilen kıvam için su ekleyerek karıştırın. 6'dan 8'e kadar hizmet vermektedir.

69. Karpuzlu Margarita

Verim: 1 Porsiyon

Bileşen

- 4 su bardağı taze karpuz suyu
- 1 su bardağı limon suyu
- ½ su bardağı Cointreau
- ½ su bardağı Tekila; 1 fincana kadar

Talimatlar

a) Karıştırın ve buzun üzerine dökün.

70. Yucatin margarita meyveli

Verim: 12 Porsiyon

Bileşen

- Kireç takozlar
- Şeker
- 3 su bardağı Ev Yapımı Tatlı ve Ekşi Karışımı
- 1 su bardağı Altın tekila
- 12 yemek kaşığı Papaya nektarı
- 12 yemek kaşığı Guava nektarı
- $\frac{1}{2}$ su bardağı konserve hindistan cevizi kreması
- 16 buz küpü
- 12 limon dilimi
- 12 bardağın kenarlarını kireç takozları ile ovun. Kenarları şekere batırın.

Talimatlar

a) 1-$\frac{1}{2}$ su bardağı tatlı ve ekşi karışımı, $\frac{1}{2}$ su bardağı tekila, 6 yemek kaşığı papaya nektarı, 6 yemek kaşığı guava nektarı, $\frac{1}{4}$ fincan hindistan cevizi kreması ve 8 buz küpünü blenderda birleştirin. Harmanlanana kadar işleyin. 6 bardağa dökün.

b) Kalan tatlı ve ekşi karışımı, tekila, her iki nektar, hindistancevizi kreması ve buz küpleri ile tekrarlayın. 6 bardağa dökün.

c) Her birini limon dilimi ile süsleyin.

71. bira margarita

Verim: 1 Porsiyon

Bileşen

- 6 ons Dondurulmuş konsantre Limeade olabilir
- 6 ons Tekila
- 6 ons bira

Talimatlar

a) Malzemeleri karıştırıcıda birleştirin, birkaç buz küpü ekleyin ve kısaca karıştırın. Birkaç dakika ayarlanmasına izin verin.

b) İçeriği tuz kenarlı bardağa buzun üzerine dökün.

72. Margarita likörü

Bileşen

- 1 Şişe gümüş tekila
- 1 portakal kabuğu; sürekli spiral halinde kesilmiş
- 1 kireç kabuğu; sürekli spiral halinde kesilmiş
- 6 ons Cointreau

Talimatlar

a) Şişedeki tekilaya narenciye kabuğu ekleyin ve ardından Cointreau'yu tadına ekleyin. Buzdolabında saklayın ve şeri bardaklarda servis yapın.

b) Ev sahibine bir şişe şarap yerine bundan bir şişe götürün.

73. buzlu margarita

Bileşen

- 1/2 su bardağı altın tekila
- 1/2 su bardağı taze limon suyu
- 1 ila 2 yemek kaşığı ince tuz
- 1 su bardağı ince kırılmış buz
- 1 dilim kireç, yarıya

Talimatlar

a) 2 adet margarita bardağını en az 1 saat buzlukta bekletin. Tekila ve limon suyunu karıştırın ve dondurucuya koyun.
b) Tuzu sığ bir tabağa koyun. Servis yapmaya hazır olduğunuzda, soğutulmuş bardakların kenarlarını tuza batırın (bardaklar soğuk olduğu için tuz kenara yapışacaktır).
c) Bardakları kırılmış buzla doldurun ve ardından tekila-kireç suyu karışımını dökün. Kireç parçası ile hemen servis yapın.
d) 2 kişilik

74. yeşil margarita

Bileşens

- Cam kenar için limon dilimi artı garnitür için limon dilimi
- İri tuz, cam kenarı için
- 2 ons Süper Yeşil Suyu
- 2 ons tekila
- Cointreau gibi 1 ons portakal likörü

Süper Yeşil Suyu:

- 1 ila 2 büyük, sulu limon, kabuğu çıkarılmış
- 1 orta boy Granny Smith elma, soyulmuş
- 2 marul yaprağı
- 1/2 büyük salatalık
- 1 su bardağı ıspanak veya lahana gibi gevşek paketlenmiş doyurucu yeşillikler

Talimatlar

a) Margarita bardağının kenarını bir dilim kireçle nemlendirin ve ardından bardağı açılı olarak tuzda yuvarlayın, böylece sadece bardağın dışı tuzlanır.

b) Süper Yeşil Suyu, tekila ve portakal likörünü buzla dolu bir kokteyl çalkalayıcıda birleştirin. 8 ila 10 saniye kuvvetlice çalkalayın. Hazırlanan bardağa buz üzerinde süzün. Bir dilim kireç ile süsleyin.

c) **Süper Yeşil Suyu:** Meyve suyu, bu sırayla, limon, elma, marul, salatalık ve yeşillikler, meyve sıkacağınız her biri için özel ayarları takip ederek. İstenirse, suyu hemen buz üzerinde servis edin.

MODERN MARGARITA KOKTEYLLERİ

75. Casa Zencefil Nane Paloma

Bileşens

- 2 oz. Casamigos Reposado
- 1,5 oz. Greyfurt Suyu
- 1 oz. taze limon suyu
- .5 oz. basit şurup
- 8-10 nane yaprağı

Yön

a) Otları karıştır. Tüm malzemeleri teneke çalkalayıcıda birleştirin. Buz ekleyin. 8-10 saniye kuvvetlice çalkalayın. Highball bardağına ince süzün. Taze buz ekleyin.

b) Greyfurt çarkı ve nane sapı ile süsleyin.

76. Oaxaca eski moda

Bileşens

- 1,5 oz. Corralejo Reposado Tekila
- .5 VIDA Mezcal
- 1 bar kaşığı agave nektarı
- 2 tire Angostura Bitters
- 2 tire Bittermens Xocaloctl Bitters

Talimatlar

a) Tüm Malzemeyi buzla karıştırın ve bir kaya bardağındaki geniş formatlı bir buz küpünün üzerine süzün.

b) Uzun bir portakal kabuğu ve yağları ile süsleyin.

77. Mermer Kraliçe

Bileşens

- 1,5 oz. Tekila
- 1 oz. hindistan cevizi kreması
- 0,5 oz. misket limonu suyu

Talimatlar

a) Tüm malzemeleri birleştirin ve buz üzerinde çalkalayın.

b) Tuzlu o ile servis yapınr baharatlı kenar.

78. Milagro Meksika Martini

Bileşens

- 2 oz. Milagro Select Reposado
- 0.75 oz. vermut bianco
- 1 çizgi turuncu bitter
- Limon kabuğu

Talimatlar

a) Tüm malzemeleri bir karıştırma bardağına dökün, buz ekleyin ve soğuyuncaya kadar karıştırın.

b) Soğutulmuş bir kokteyl bardağına süzün ve limon bükümüyle süsleyin.

79. El Gavilan

Bileşens

- 2 oz. Tress Agaves Reposado
- .5 oz. Greyfurt Suyu
- .75 oz. misket limonu suyu
- .75 oz. basit şurup
- 1 çizgi Angostura Bitters
- Greyfurt sodalı üst

Talimatlar

a) Çalkalayıcıya soda hariç tüm malzemeleri ekleyin; buz ekleyin, çalkalayın ve buzun üzerine süzün.

b) Meksika sodası ile doldurun ve kireç çarkı ile süsleyin.

80. bana göre yunanca

Bileşens

- 4 dilim zencefil
- 1 oz. Tekila
- 0,5 oz. Mavrakis Tsipouro
- 1 oz. misket limonu suyu
- 0.75 oz. Saray
- 0,5 oz. sabır otu
- 1 çizgi Angostura bitterleri

Talimatlar

a) Zencefili bir çalkalayıcının dibine dökün. Diğer tüm malzemeleri shaker'da buz üzerinde birleştirin ve çalkalayın.

b) Kokteyl bardağına süzün ve adaçayı ile süsleyin.

81. Mavi-salatalık Kireç Margarita

Bileşens

- 1,5 oz. Mavi Nektar Gümüş
- 3-4 dilim salatalık
- .75 oz. Cointreau
- 1,5 oz. misket limonu suyu
- 1,5 oz. kireç basit şurubu

Talimatlar

a) Blue Nektar Tekila ile salatalık ezin. Kalan Malzemeler ekleyin ve buz üzerinde çalkalayın. Kaya camına süzün. Salatalık dilimi ile süsleyin.

b) Kireç Şurubu: 2 su bardağı su, 1,5 su bardağı şeker ve 1 limon kabuğu rendesini bir tencerede orta ateşte şeker eriyene kadar karıştırın. Isıdan çıkarın ve kullanıma hazır olana kadar soğutun.

82. Manhattan Hollywood'a Gidiyor

Bileşens

- 3 oz. Casamigos Anejo Tekila
- 0.75 çay kaşığı akçaağaç şurubu
- 4 tire Turuncu Acı

Talimatlar

a) Tüm malzemeleri karıştırma bardağına ekleyin, büyük buz ekleyin ve iyice karıştırın. Bir kaya bardağına denge ve tek zorlanma için tadın.

b) Süsleyin ve servis yapın.

83. Mistik Marvel

Bileşens

- 1,5 oz. Casamigos Tekila
- 1 oz. dikenli armut püresi
- 0.75 oz. sabır otu
- 0.75 oz. misket limonu suyu

Talimatlar

a) Tüm Malzemeleri buz üzerinde bir çalkalayıcıda birleştirin ve çalkalayın.

b) Taze buzun üzerine süzün ve tuz kenarı ve limonla süsleyin.

84. Biberiye Margarita

Bileşens

- 2 oz. Herradura Blanco
- 1 oz. Biberiye ile aşılanmış basit şurup
- 0.75 oz. taze limon suyu
- 0,5 oz. mağazada satılan armut püresi
- Splash kulüp soda

Talimatlar

a) Tüm malzemeleri (kulüp sodası hariç) kokteyl çalkalayıcıya ekleyin ve birleştirmek için sallayın.

b) Kayaların üzerinde servis edilen Collins bardağına dökün. Üzerine kulüp sodası serpiştirin.

c) Taze biberiye sapı ile süsleyin.

85. Bakara Rouge

Bileşens

- 2 oz. Tekila
- 1 oz. Meyve suyu tutkusu
- 0.25 oz. Yenibahar Dramı
- 0.25 oz. misket limonu suyu
- 0.25 oz. kakule amaro

Talimatlar

a) Tüm malzemeleri buzlu bir çalkalayıcı kabına ekleyin ve kuvvetlice çalkalayın. Taze buzlu bir kaya bardağına süzün.

b) Şekerlenmiş ebegümeci çiçeği ile süsleyin.

86. Kan Portakalı Margarita

Bileşens

- 1,5 oz. gümüş tekila
- 0,5 oz. Cointreau
- 0,5 kan portakal suyu
- 0.75 oz. basit şurup
- 1 oz. misket limonu suyu

Talimatlar

a) Karıştırma kabını buzla doldurun. Tüm malzemeleri ekleyin ve kuvvetlice çalkalayın. Çalkalayıcının içeriğini tuzlu kenarlı bir kaya bardağına boşaltın.

b) Kan portakalı dilimi ile süsleyin.

87. Kötü Bir Şey

Bileşens

- 0.75 oz. Sangrita Karışımı
- 0.75 oz. misket limonu suyu
- 1,5 oz. ananas suyu
- 2 oz. Mezcal
- Füme Tuz
- 1 kireç

Talimatlar

a) Önce kireçle kaplayıp tuzda yuvarlayarak bir bardağın kenarını füme tuzla kaplayın. Tüm malzemeleri buzlu bir çalkalayıcıya dökün ve buzlu bir bardağa süzmeden önce çalkalayın. Bir dilim kireç ile süsleyin.

b) Sangrita için: Yarım ananas, 1 salatalık, 1 pint böğürtlen, 5 ancho chilies, 1,5 su bardağı limon suyu, 1 su bardağı portakal suyu, 0,5 su bardağı nar suyu ve 1,5 su bardağı şeker karıştırın ve süzün.

c) 2 haftaya kadar soğutun ve saklayın.

88.   Mavi Bonnet

Bileşens

- 1,5 oz. tekila blanco
- 1,5 oz. taze limon suyu
- .75 oz. Cointreau
- 1,5 oz. basit şurup
- Birkaç damla mavi curacao
- Birkaç damla grenadin

Talimatlar

a) Tüm malzemeleri birleştirin ve buzla çalkalayın.

b) Bir buzlu bardağa buz dökün ve limon dilimi ve jalapeno dilimi ile süsleyin.

89. Tekila'nın Yeni Modası

Bileşens

- 2 oz. Casamigos Anajo
- .5 oz. basit şurup
- 2 tire angostura bitters
- 2 çizgi muz acı

Talimatlar

a) Tüm malzemeleri buzla karıştırma bardağına ekleyin.

b) Karıştırın ve tek buz bloğu üzerinde kova camına süzün. Bir bruled muz ile süsleyin.

90.   hayalet biber margarita

Bileşens

- 2 oz. Avion Gümüş Tekila
- .5 oz. Büyük Marnier
- .5 oz. misket limonu suyu
- .5 oz. limon suyu
- 1,5 oz. Ghost Chili Basit Şurup

Talimatlar

a) Tüm malzemeleri bir kokteyl çalkalayıcıda buzla birlikte ekleyin, sallayın ve biber tuzu ağızlı bir kaya bardağındaki taze buzun üzerine süzün. Kireç çarkı ile servis yapın ve keyfini çıkarın.

b) Ghost Chili Basit Şurup: 1 su bardağı su ve 1 su bardağı kahverengi demerara ile bir adet kurutulmuş hayalet biber alın, kaynatın ve soğumaya bırakın.

91. yas güvercinleri

Bileşens

- 1,5 oz. El Jimador Deposu
- .5 oz. Amaro di Angostura
- .5 oz. akçaağaç şurubu
- .5 oz. Greyfurt Suyu
- .75 oz. limon suyu
- .25 oz. basit şurup

Talimatlar

a) Tüm malzemeleri karıştırın ve kayaların üzerinde servis yapın.

b) Limon çarkı ile süsleyin.

92. dumanlı arroyo

Bileşens

- 1,5 oz. sombra mezcal
- 1 oz. Greyfurt Suyu
- .5 oz. misket limonu suyu
- .5 oz. biberiye basit şurubu
- Tuz (istenirse)

Talimatlar

a) Sombra, greyfurt suyu, limon suyu ve biberiye şurubunu buzlu bir çalkalayıcıda birleştirin ve kuvvetlice çalkalayın. Bir kaya bardağının kenarını tuzlayın. Kayaların camında buz üzerinde süzme kokteyli.

b) Greyfurt dilimi ve biberiye sapı ile süsleyin.

93.   tepache çocuk

Bileşens

- 2 oz. Tres Agaves Anaejo
- 1 oz. ananas püresi
- 1 oz. demirhindi şurubu (eşit parça rafine şeker ve su ile karıştırılmış demirhindi ezmesi)
- 2 çizgi angostura bitter

Talimatlar

a) Tüm Malzemeyi buzlu çalkalayıcıya dökün; sallayın ve kayaları süzün ve ananas kaması ile süsleyin.

94.　　sigara içen margarita

Bileşens

- 2 oz. Avion Blanco
- 0,5 oz. Buenbicho Mezcal
- 0.75 oz. misket limonu suyu
- 0,5 oz. Sabır otu nektarı

Talimatlar

a) Tüm malzemeleri buz üzerinde birleştirin, sallayın ve tuzla çevrelenmiş kayalar bardağındaki taze buzun üzerine süzün.

95. vampir

Bileşens

- 1,5 oz. Tres Agaves Tekila Reposado
- 5 oz. Sangrita
- .5 oz. misket limonu suyu
- Greyfurt sodası ile denge

Talimatlar

a) Tekilayı servis bardağına dökün, ardından sangrita karışımını ekleyin ve greyfurt sodasını ekleyin; Malzemeleri karıştırın ve greyfurt çarkı ile süsleyin.

96. Çay Mezcalita

Bileşens

- Tuz, tutam
- 1 oz. misket limonu suyu
- 0.75 oz. Çay Şurubu
- 1.25 oz. Banhez Mezcal
- 0.75 oz. tercih edilen gümüş tekila
- Garnitür için 2 bütün yıldız anason

Talimatlar

a) Ölçülen tüm malzemeleri ekleyin. Çalkalayıcıyı buzla doldurun. Çok iyi sallayın. Kayaları camı buzla doldurun ve bardağa süzün. Servis etmek için anasonla süsleyin.

b) Chai şurubu için: 1 litre su, 1 yemek kaşığı bütün yenibahar meyveleri, 0,5 yemek kaşığı bütün karanfil, 8 bütün yıldız anason, 3 inç taze zencefil kaba kıyılmış, 1 yemek kaşığı bütün karabiber, 0,5 yemek kaşığı bütün kakule, 8 tarçın çubukları ve 0,5 yemek kaşığı vanilyayı bir tencereye alıp kaynatın.

c) Daha sonra 20 dakika kaynamaya bırakın, ocaktan alın, 6 adet siyah çay poşeti ekleyin ve 15 dakika demlendirin. .75 litre şeker ekleyin. 6 haftaya kadar buzdolabında saklanabilir.

97. ebegümeci şutu

Bileşens

- 2 oz. Santo Reposado
- 1 oz. ebegümeci çayı
- 0,5 oz. Sabır otu
- 0.75 oz. Misket limonu suyu
- 0,25 su bardağı Taze Kişniş Yaprağı, Yumuşak Saplı
- buz

Talimatlar

a) Hibiskus çayı demleyin ve soğumaya bırakın. Buzlu bir kokteyl çalkalayıcıya tekila, ebegümeci çayı, agav, limon suyu ve taze kişniş ekleyin.

b) 30 saniye sallayın. Buzla dolu bir kokteyl bardağına iki kez süzün.

98. şeytanın margaritası

Bileşen

- 1 1/2 ons blanco tekila
- 1 ons limon suyu, taze sıkılmış
- 3/4-ons basit şurup
- 1/2 ons kırmızı şarap
- Süsleyin: kireç çarkı

Talimatlar

a) Tekila, limon suyu ve basit şurubu buzlu bir kokteyl çalkalayıcıya ekleyin ve iyice soğuyana kadar çalkalayın.

b) Bir kokteyl bardağına süzün.

c) Kırmızı şarabı, bir bar kaşığının arkasına yavaşça dökerek, içeceğin yüzeyinde birikmesi için üzerine dökün.

d) Kireç çarkı ile süsleyin.

99. Tekila ve domates suyu kokteyli

Bileşen

- 1 1/2 ons tekila
- 2 çizgi Worcestershire sosu
- tuz serpin
- biber serpin
- Kereviz tuzu serpin
- Domates suyu

Talimatlar

a) Çift eski moda bir bardakta tekila ve Worcestershire sosu yapın.
b) Tuz, karabiber ve kereviz tuzu serpin.
c) Domates suyu ve buzla doldurun.

100. Yucatin margarita meyveli

Verim: 12 Porsiyon

Bileşen

- Kireç takozlar
- Şeker
- 3 su bardağı Ev Yapımı Tatlı ve Ekşi Karışımı
- 1 su bardağı Altın tekila
- 12 yemek kaşığı Papaya nektarı
- 12 yemek kaşığı Guava nektarı
- $\frac{1}{2}$ su bardağı konserve hindistan cevizi kreması
- 16 buz küpü
- 12 limon dilimi
- 12 bardağın kenarlarını kireç takozları ile ovun. Kenarları şekere batırın.

Talimatlar

d) 1-$\frac{1}{2}$ su bardağı tatlı ve ekşi karışımı, $\frac{1}{2}$ su bardağı tekila, 6 yemek kaşığı papaya nektarı, 6 yemek kaşığı guava nektarı, $\frac{1}{4}$ fincan hindistan cevizi kreması ve 8 buz küpünü blenderda birleştirin.
Harmanlanana kadar işleyin. 6 bardağa dökün.

e) Kalan tatlı ve ekşi karışımı, tekila, her iki nektar, hindistancevizi kreması ve buz küpleri ile tekrarlayın. 6 bardağa dökün.

f) Her birini limon dilimi ile süsleyin.

ÇÖZÜM

Bir insanın tat alma tomurcuğu beş farklı tada sahiptir: tuzlu, tatlı, acı, ekşi ve umami; margarita bu beş kişiden dördünü tutturur: bardağın tuzlu kenarı, agavın tatlılığı, tekilanın acılığı ve limonun ekşiliği. Yani tuzlu margaritadan bir yudum aldığınızda misket limonu ve tekilanın acılığını keserken, tatlılığı ve ekşiliği artırırsınız.

Margarita, hayatın en mutlu anları için döktüğünüz şeydir! Tekila, misket limonu, agav ve portakal likörünün bu basit karışımı kalplerimizi çaldı. Yemeklerinize demlenmiş, dondurulmuş, buzlu, tuzlu veya tuzsuz, tatlı veya baharatlı olsun, margarita bu vesileyle yükselecek!